如何练好传统太极拳

李占朝 著

南方出版社
·海口·

图书在版编目（CIP）数据

如何练好传统太极拳 / 李占朝著 . — 海口 : 南方出版社 , 2023.1
ISBN 978-7-5501-7779-6

Ⅰ . ①如… Ⅱ . ①李… Ⅲ . ①太极拳—基本知识 Ⅳ . ① G852.11

中国版本图书馆 CIP 数据核字 (2022) 第 166012 号

如何练好传统太极拳

Ruhe Lianhao Chuantong Taijiquan

李占朝　著

责任编辑: 王　伟
出版发行: 南方出版社
地　　址: 海南省海口市和平大道70号
邮　　编: 570208
电　　话: 0898-66160822
传　　真: 0898-66160830
经　　销: 全国新华书店
印　　刷: 广东虎彩云印刷有限公司
版　　次: 2023 年 1 月第 1 版
印　　次: 2023 年 1 月第 1 次印刷
开　　本: 787mm × 1092mm　1/16
印　　张: 8.75
字　　数: 122 千字
定　　价: 39.00 元

如何真正练好

太极拳

禅宁题

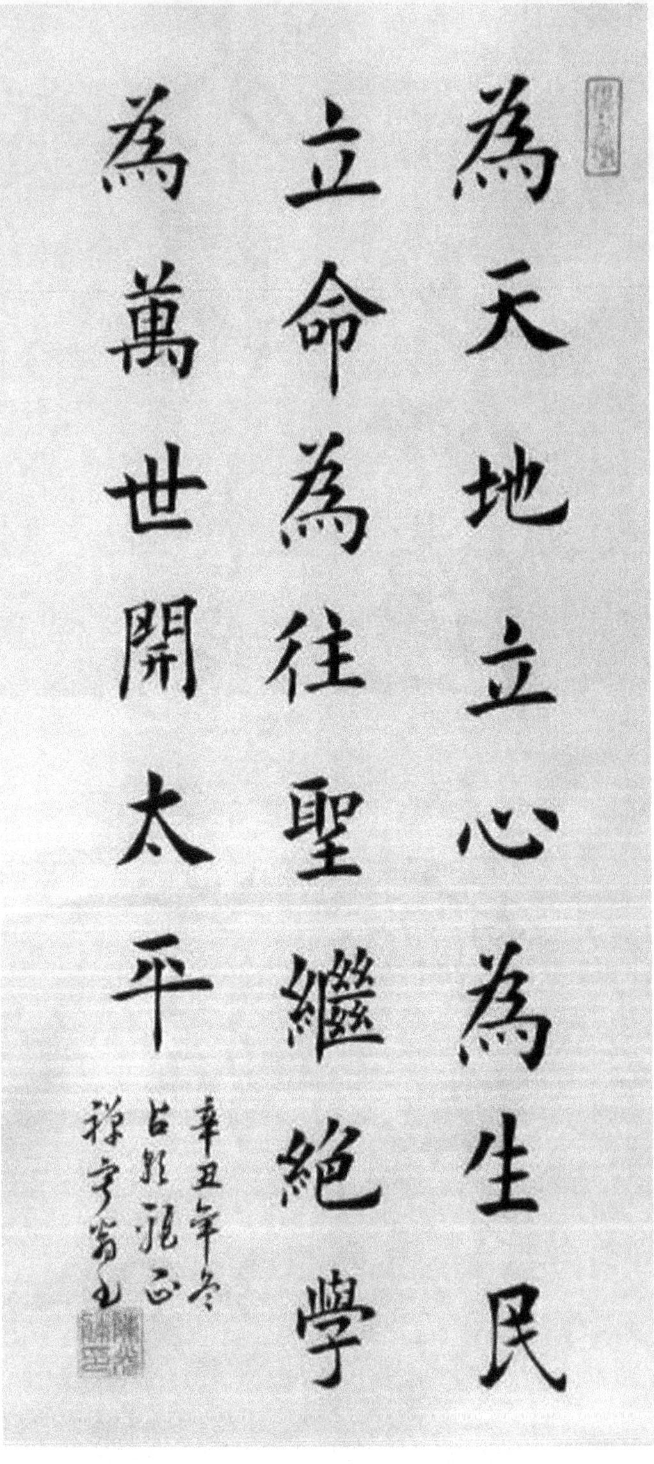
為天地立心
為生民立命
為往聖繼絕學
為萬世開太平
辛丑年冬

前言

太极拳是我国一个古老的拳种，是中华武术苑中的一朵奇葩，因其内涵丰富的中国传统道家文化哲学思想而被称为哲拳，因其独特的强身健体、修心养生之功效而被誉为21世纪人类最佳的健身运动方式之一。2020年12月17日晚，我国单独申报的太极拳，被列入联合国教科文组织人类非物质文化遗产代表作名录。

目前，太极拳的传播遍布全世界，它具有健身性、表演性，承载着文化的传承、推广的使命，被赋予了更多的意义。太极拳作为中华民族独特而杰出的传统文化符号，是中华民族和世界人民共有的文化遗产和精神财富，展现了中华民族传统文化的创造力，具有见证中华民族传统文化的独特价值，对促进人类文化多样性和创造力、推动社会文明进步有着不可估量的作用。学拳明理，太极拳所蕴含的阴阳循环、天人合一的中国传统哲学思想和养生观念，丰富着人们对宇宙、自然和人体运行规律的认知；其松柔圆活与立身中正的基本要求，尊师重道、学拳不可不敬、不可狂、不可满等价值观念，潜移默化地涵养着人们平和、包容、友善的心性。在提升人民群众健康意识、促进身心健康、推动人与人和谐共处、增强社会凝聚力等方面，太极拳发挥着重要作用。

太极拳的发展前景是十分广阔的，但是过度商业化、快餐化的教学模式，偏离了太极拳传播与传承的宗旨。有些人为了吸引眼球，随意地进行所谓“创新”，太极拳爱好者也是雾里看花，不明真相。太极拳作为中国的传统文化，需要一脉相传，只有继承，才可发展。2020 年 10 月 8 日，焦作市人民政府首发《世界太极拳蓝皮书——世界太极拳发展报告（2019）》，旨在树立太极拳正确的发展观。为了传承与发展传统太极拳这一宝贵的文化，我们焦作市陈式太极拳冉广耀拳术研究会一行五人，于 11 月 15 日，前往陈家沟陈照丕陵园，与陈照丕大师的孙子陈茂林夫妇，共同祭拜一代太极拳大师陈照丕老前辈。树高千尺不忘其根，水流万里不舍其源。肃立在陈照丕老先生墓前，一副“呕心沥血传拳授艺，鞠躬尽瘁强国健民”的挽联，轻灵飘逸，彰显了一代宗师的高尚品德和无私奉献的精神，也正是他的人生写照，泽荫后来人。祭拜活动结束后，我们一起研讨太极拳，在交流的过程中，大家一致认为应该充分还原陈照丕老先生所传授的原生态拳法，让原汁原味的陈照丕拳法推广并传承下去。

笔者曾在国庆放假期间到陈家沟走访，偶遇两个拳友，就太极拳将何去何从的问题进行了讨论。一方面，商业化、快餐化教学模式的太极拳与太极拳的本来面目渐行渐远。另一方面，如何改进和提高自己的练拳水平也是一个难题。现在练习太极拳的人非常多，抛开技击实战水平，太极拳作为健身活动效果非常好。这是大多数人喜欢练习太极拳的原因之一，但由于缺乏必要的个性化的指导，容易出问题。笔者根据自身多年练习太极拳的经验，总结出以下几点：

（1）练习方法不正确。初学者急于求成，学得过多过快，以为学的套路越多，太极拳的水平就越高。基本功不扎实，只关注外形动作。

（2）缺乏内在的东西。太极拳作为内家拳之一，仅看外表动作是不行的，需要明白内在。这个内在，没有明师指导，一般人看不出来，自然也就不知道。

（3）不明理法。现在网络上太极拳理论既优质也系统，但是所写的都是前辈们练成后的感受和心得，并不是训练的手段和方法。

（4）快餐化教学模式。现在的培训教学周期短，内容多，导致学员没时间消化或一知半解。我的一个学生曾经在郑州某太极拳馆仅用一周时间就学会了老架一路的套路。回家以后练了一个月，膝关节疼，不练了。后来遇到笔者，他又重新开始系统地学习太极拳。

这些问题主要存在以下几个方面的原因。

（1）现在的人练太极拳收获不多。因现在的人学拳去的是快餐式的培训班，集中几天，学习一下套路，过于着急，没有基本功底，学员在套路中找不到感觉。或没有时间练基本功，基础不牢固，练的拳自然比较空洞；把太极拳弄成广场舞，缺少了内在的拳法精要。要改变这个现状，太极拳只有按古法传承的方式去教，学生才能有所收获，才能学到太极拳的内涵。

（2）找不到老师或不愿找老师。练习太极拳要有老师指导，练习的效果才会好，老师会根据你目前所处的水平，来进行有针对性的具体指导。如果没有老师指导，自己也不清楚自己目前处于什么样的水平，也不知道该练习什么。导致虽然练得不少，但是效果不好。所以要想练好拳，一定要找好的老师，因为老师可以因材施教。

（3）没有练法和功法。当前社会上太极拳种类繁多，不缺动作，什么样的都有。太极拳的动作本身并不难，单学动作，谁都会，并且还可以练得非常漂亮。但是为什么练了很多年还是太极操呢？缺少的是相应的功法和练法。

笔者是草根太极拳传人，习练陈照丕宗师传下的老架太极拳已二十多年，以前没有教过别人，现在业余时间开始正式教拳，采取网络授课，线下面对面指导的教学方式，传承古法太极拳，推广原汁原味原生态太极拳。笔者想尝试恢复以前的古法教学，一式一式地教，一式一式地练，达到要求了再往下学。现在好多人不理解这样的教法，认为是老师不教，其实是没有理解其中的意思。

为了更好地传承太极拳，本书采用理论与实践相结合的方式，所蕴含的理念就是教大家练好基本功，认真练习一个月之后，才可以学习套路。通过学习理论大家可以了解太极拳不同阶段的练法，通过基本功的训练强化身体素质，提高身体的协调性、柔韧性，为更好地练好太极拳打下扎实的基础。

李占朝

2021 年 10 月 1 日

目 录

太极拳入门课程

太极拳动作练习

太极拳

入门课程

第一课　衡量太极拳的标准

太极拳作为优秀的中国传统武术运动，有着非常好的健身功能。在抗击新冠肺炎疫情中，太极拳的健身功能被大家广泛认可（有专家指出太极拳可以改变慢阻肺，提高免疫系统功能），得到了很多人的响应，大家积极加入习练太极拳的队伍当中来。但是太极拳是一种内蕴深厚的运动，有比较复杂的练法和功法，不像广播体操，可以跟着视频学。

通常练习太极拳的人群可分为三类：

第一类，健身型。工作之余锻炼身体，增加身体的柔韧性、协调性。第二类，竞技套路比赛型。第三类，传统套路比赛型。这类习练者是少数有着师承关系的习练者。每一类练习太极拳的人群，有着不同的衡量标准和要求，练拳必须要得法，才能取得良好的效果。

一、健身型

以健身为目的的人，早上起来在公园里面运动一下，这些人的动作从专业角度来看不规范，但是他们通过这些不太规范的动作，把身体练好了，身体素质练强了，协调性练好了。从这个角度来讲，它就是得法了。出于健身的目的，在符合要求的框架下练习，可以避免出现一些不必要的运动损伤。

1. 立身中正：我们在练拳的时候，身体一定要站直。有的人练拳的时候拧腰、乱晃，这些情况容易给练习者带来腰部损伤。身体放松，虚领顶劲。很多人没有专业的老师指导，望文生义，使劲把脖子顶起来，梗着脖子练，时间长了脖子会受不了，易出现高血压，气血往上冲，这些现象都是非常不好的，也是非常容易出现的，是错误的

虚领顶劲。顶，是一个位置，头顶的意思，而不是往上顶。此处的顶是名词，而不是动词。另外要注意是虚虚地顶着，不可用力过大。

2. 松肩沉肘：肩膀要松下来，不要在练拳的时候往上架，架肩就抬肘。抬肩气血往上冲，这样练习起来，胸部气易不顺，容易憋气。练习的时候一定要松松地垂下肩膀，轻轻地把手伸出去。肩膀要尽量地平，不要一个高一个低。

3. 避免膝关节受伤：练太极拳发生问题最多的是膝关节受伤，原因非常多。最关键的一条是练拳的时候不要跪膝，膝关节一定要朝上，朝着脚尖方向，有的人练拳膝关节往下跪，膝关节受力方向改变以后会磨损，时间长了，膝关节疼得不能走路。膝关节不要过脚尖，小腿尽量立起来，不要往前倾，也不能往侧方向斜，一定要垂直于自己的脚面。

4. 上虚下实，气沉丹田：练拳的时候气不要往胸部提，要把它放下，呼吸要自然、顺畅。为了做到某个动作，有的同志在拳论上看到呼吸与动作要配合，开的时候要呼，合的时候要吸，结果会导致胸闷喘不过气、憋气，这都是损害身体的。原则是不错，但是它分具体的水平和层次，看达到哪个状态。刚开始你让自己去做，容易产生憋气、头闷的症状。所以说初级阶段，练拳 1 到 3 年之内业余习练者，不要过于强调呼吸，自然呼吸就行了。不要过于追求深入呼吸以及动作和呼吸的配合。

练拳的时候要虚实分清，在做动作的时候，实腿的重心要移过来，虚腿的重心把它虚过来，不要两腿平均分配体重，否则就达不到良好的健身效果。练拳之前先做好充分的热身活动，腿、髋关节、膝关节、脚踝关节、腕关节和肘关节做 5 到 10 分钟的关节热身活动。

做完热身活动以后，开始练拳架。一般情况下练三遍，第一遍拳架适当高一点，不要一开始就蹲得很低，肌肉会不太适应，另外蹲得很低也容易出现运动损伤。第二遍细心地揣摩动作，肩肘和手是否都已经按要求做到位了，接着，可以把这个动作细节往上加一点。第三遍引动内气，以外形引动内气，运气，这个时候锻炼效果是非常好的。如果按这个要求去练，身体会越来越好，动作会越来越顺，精神饱满。什么是好？什么是坏？达到这个状态就是好的。反之，没有达到这个预期的效果，或者把身体练伤了，练出毛病了，那就是坏。所以好与坏是从健身的角度来讲的。

二、竞技套路比赛型

拳练到一定的水平了，有些人喜欢参加各类比赛，参加比赛可以相互交流学习。现在参加比赛有两种套路。一种是竞技套路比赛。国家体育部门编的套路叫作竞技套路。还有一种是传统套路，参加传统套路比赛的人群，是在健身的基础上练拳水平不断提高以后，参加比赛交流学习。很多人，包括太极拳大师，他们一开始学拳也是从健身的角度出发，练着练着越来越好，最后练出了一身功夫。所以，首先要把身体练好，其次把拳艺的水平练高。最后一个阶段就是练出一点功夫，这是可遇而不可求的，千万不可强求。竞技套路比赛的规则是由相关部门制定的，所有参加比赛的人必须按照规则、规定去练，去参加比赛，这就要求动作必须统一规范。手到哪儿，肩到哪儿，腿到哪儿，都必须按要求做到位。运动员经过多次训练以后，动作定型，这时候才能参加比赛。他们为了比赛，把动作规范以后，统一标准，便于评分、评判，所以传统太极拳的一些东西逐渐被淡化，加进了一些体操的、杂技的、长拳的东西，目的是增加动作的难度和比赛时表演的观赏性，但离传统的太极拳越来越远，因为出发点不一样，规则要求不一样，练法也不一样。参加竞技套路比赛的人，身体素质非常好，身体差的根本参加不了。所以我们普通的练习者看到那些竞技比赛套路的动作，要理性观看，欣赏可以，千万不可盲目模仿，因为他（她）的身体素质和你的身体素质不在一个水平上。大家在练习太极拳的时候，一定要有清晰的认识。参加比赛，那是专业运动员的事。

三、传统套路比赛型

参加传统套路比赛的基本要求有以下几点：1. 含胸拔背。练拳的过程中不能弯腰撅臀，应立身中正。练拳的时候，只要不往上挺胸，气就不往上冲。含胸塌腰。气往下沉，身体背部要尽量伸直，不要往下弯，也不要往后仰，保持直立。2. 肩松、步稳、上虚下实。在行拳过程中要轻轻地运动，非常轻盈，就像摸着空气在走一样，轻轻地走，步子稳稳踏在地上。3. 细节要求。参加比赛和平常练拳，肯定有一定的区别。因为裁判需要看你动作好不好看，看你动作做得是否标准。在参加比赛的时候，把动作放大，重心放下去，步子放下去。一般情况下，参加比赛，大小腿折叠 90 度，大腿与地面是平行的。这对人体的素质要求非常高，如果没有一定的基础，这些动作做出来很不容易，也很不流畅。我们平常锻炼身体，千万不要这样练，这样练容易把身体练坏。为了比赛备战，需要把身法、步子拉大，把动作拉大，只有这样裁判才能看出来你的水平，才能给你打高分。参加传统套路比赛型的人大多数是入室弟子。现在很多拳师、大师的入室弟子相当多。他们肩上有传承太极拳的责任和担当，练拳的标准也不一样。练功方法和心法都是门内的，门内的东西经过训练才能练出来，模仿是模仿不出来的。这类人，我们就称其为传承技艺、追求功夫型，要求会更高。我们在交流的时候，首先要注意一点，就是我们应该清晰地认识到他跟哪个老师学的。老师的功夫好并不代表徒弟的功夫就一定非常好。因为老师教你练功方法，如果你不练，你就掌握不了，所以说我们学拳的时候、练拳的时候和与别人交流的时候，一定要清晰地认识这个标准，看他练拳达到了没有。如果说这些标准达到了，这就是水平高，功夫上身了，这个拳都练到身上了。他们的

标准如下：第一点要求是要有内劲、内外合一，内不动，外不发，练习的过程，往那儿一站，由内催外，而不是练拳的时候先把胳膊抬起来，这是以外代内。以内催外的，是站稳以后，通过内气推动把手臂缓缓抬起来，然后缓缓地落下，以内气引导我们的动作叫作以气催形。第二点要求是轻灵沉稳，练的动作要像风摆杨柳一样，很轻，但是步子要稳。第三点要求是松活弹抖，讲的是发力。有的水平不高的使劲压着肩膀，水平高的用腰裆力量“啪”一下，就出去了。前提是要练出这个劲，需要把全身关节拉开，这些劲才出来。如果说拳头很使劲，弹性却没有，那不叫松活弹抖。相联的是刚柔并济。练拳的时候柔是轻若无物，刚则如山洪爆发般猛烈。所以说刚柔相济达到了，就是松活弹抖，也叫混元一气。就是说打起动作以后，上下相随，非常自然，是一个整体，连绵不断。第四点要求是呼吸自然，即练拳的时候，不管发力也好，练拳架也好，练完以后不喘气。练拳过程中一定要呼吸自然，这样最后就是把呼吸都忘掉了，不知道什么时候呼了，也不知道什么时候吸了。这个状态达到了一种无形的境界，要求非常高。第五点要求是以身带手。老师在教拳的时候，一定要以身带手，手不主动。身法走腰裆里边的东西，以腰带身，以身带手，一节一节出来。手先动，身没有跟上，那就不行。里边推动外边，叫以身带手。这是练拳的一个练法，是评价一个练拳者水平高低的一种练法。太极拳还有一项是打法，即打架实战，赢和输的情况，这个好坏如何区分呢？就是赢了，你肯定是练得好；输了，则肯定是练得不好。

下面简单介绍一下我师傅冉广耀老师的拳法特点。

第一，呼吸自然。

第二，对拉拔长。上下分开，对拉拔长，身体要分阴阳。

第三，松沉转换。

第四，均匀连绵。

第五，节节贯穿。

第六，无处不圆。每个动作在任何时候都是圆的。

第七，无处不掤。处处都有掤劲，无处不防。

第八，处处设防。在练习的过程中，有防范意识，处处设防。

第九，以戒为界。界是边界的界，走到边界不能再往前走了，到界即止，停止的止，不能越界，叫以戒为界。

第十，练身不练招。要把身法练出来，不要专注于招式。没有身法做后盾，有的招式你用不上。所以，练身不练招。

第二课　太极拳传统练法与现代练法的区别

传统练法和现代练法有什么区别？先给大家分享一个故事。传说当年杨露禅在北京教拳，告老还乡的时候，他的徒弟吴鉴全送了一程又一程，实在舍不得让老师走，总觉得老师还有什么绝技和秘籍没有教他。杨露禅看到这情形跟他说了一句："我当天发誓，我身上技艺已经全部教给你了。你记住一句话，'圈内打人，圈外推人'。"言外之意，秘籍就是圈内打人，圈外推人。这句话是对太极拳的最终概括和总结。

为什么要把这个"圈内打人，圈外推人"作为最后一点内容跟他讲呢？这里涉及太极拳的一个核心问题，即腰裆劲。"圈"就是骨盆，盆骨是口语，就是说在这个盆骨的发力范围之内才能打人，范围为一寸，由盆骨发力去打，手没有任何的运动空间和伸缩空间，在圈内打人。但是在这个范围之外，你就只能用手去推。比如，我现在手保持不动，我想发这个力，就只能靠盆骨，两脚站立不动，腿没有运动的空间，手没有运动的空间，只能靠身体的腰裆。腰裆劲很难练出来，这可不单单是一个腰，还有裆部髋关节，前裆和后裆综合到一起，整体的力量才出来。有的人不具备发力的条件，去练发力，容易伤腰。筋骨各方面达到要求以后，浑身一颤，劲自然就出来了。没有达到这个水平，千万不要模仿。

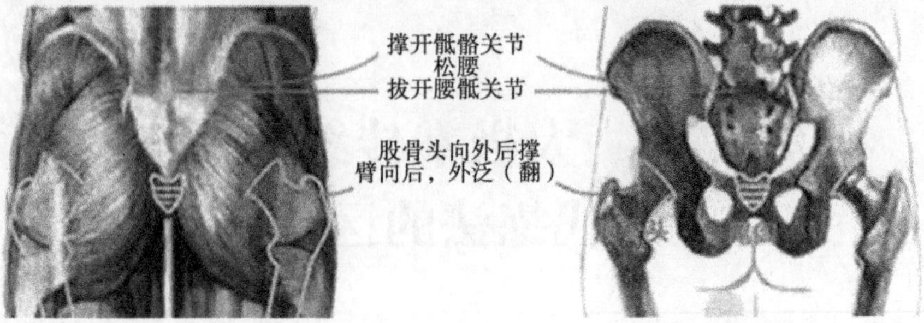

以前那些教拳的老师规矩非常多，择徒收徒是非常严格的。老师择徒有几个标准：第一，看你的人品德行如何；第二，看你的资质天赋如何，是不是这块料；第三，看你能不能吃苦耐劳。这三项都合格才收为徒。

收徒为什么设置这么多的关卡呢？第一，品德要好。品德不好的，学会了会伤害别人。第二，没有天赋的人，不教。练武术悟性很重要，悟性差就很难突破，也继承不了他的门派的技艺。要挑身体素质好的，拳法练到一定程度，老师认为你差不多了，就需要去跟别人交手、交流。

我师傅他们那一代人学拳练拳的动机非常单纯，就是锻炼身体。师傅的外公是教拳的，他跟着学，老师教了一个动作，他去练，一练就是一两个小时，这种练法非常枯燥。

以前的人就是这样练出来的。有时候学一个动作，要一个月甚至两个月才能做到位。他们年轻的时候没有那么多的业余生活，也没有什么机会去打工之类的，就是农忙的时候干农活，农闲的时候去练拳，能够静下心来，耐得住寂寞，吃得了苦，所以基本功扎实。

在陈家沟还有这样一种说法，徒弟跟老师学拳的时候是关着门的，不让别人看徒弟学拳，徒弟也不能看别人的。静心练拳，老师认为你可以了，就会领着你去和别人交流，所以那个时代的人练了拳出功夫很快，现在为什么没有这种练法呢？现在的教拳、学拳是一种快餐模式，老师到这里办一个班，那里办一个班，收 30～50 名学员，开始基本动作练一下，基本套路练一下，一星期或者半个月就学完了，看着学生学会了，老师高兴，学生也高兴。如果要锻炼身体，每天练个两三遍，这样的练法没有多大问题，怕就怕在有的人通过这样的学法下苦功夫训练了，每天 2～3 个小时地练，这种练法肯定要出大问题。为什么会出现这种情况？主要有以下几个方面的原因：（1）教套路，不教基本功。没有基本功作为基础，只练套路，并且大运动量、长时间地练习，就会练出伤病。我们师傅那一代他们学拳为什么没有说开肩开胯功法，是因为每一个动作都是扎扎实实地练一遍，一个单式要练上 1～2 个小时。记得我 1997 年学拳，老师把我领到了一个街头公园教金刚捣碓，教完以后让我自己练习。老师在旁边看，我按老师的教法去练，练不了五分钟，腿都不会站了，酸疼得受不了。当时认为学会了，其实现在想来很幼稚，后来还是把那些缺过的课补了起来。现在开肩开胯其实就是把以前那些单式基本功拿出来练习，等于走了一遍大致的套路，重新又拐回来，再来认真、精益求精地练一遍，本来一遍可以练好的搞成两遍了。现在大部分练拳的人都会出现这种现象。多数练拳的人如果想进一步深造提高的话，都得拐回来练基本功。如果只是锻炼身体，要求没那么多，练不练基本功无所谓。但是如果想提高，就得把原来学的东西全部淘汰，重新开始，一点一滴扎扎实实地去练好。现实中很多人练出问题，多是因为现在信息化太发达，手机也好，电脑也好，很多的秘籍、功法满天飞。大多数人一看网上有心法、有秘籍，赶紧拿来练，就练出了问题。他们不知道自己的身体素质是否与技法、功法配套，没有老师指导，导致出现不该出现的问题。看到现在好多人练拳练伤了，我都感觉很痛心。为什么现在很多人说太极拳是太极操，就像我们在学校上课的时候，一个操场站了500～1000人，手臂伸直，两臂伸展、向前、向上，这些动作气势非常好，但是拳不能这样练。每个人身体素质不一样，知识储备不一样，接受能力也不一样。另外，太极拳运动它是一个圆圈形的，根本不好控制，所以不能整齐划一。

我在2018年10月份在《今日头条》上发布了一篇文章《太极拳李占朝》。有的人通过《今日头条》找到我，说：老师，我在网上看的，人家讲的节节贯穿，节节松开，我练了一阵子，现在连路都不会走了。我告诉他不对，不该那样练，赶快停下来。还有一个学员讲在网上学的以心行气、以意运气、用意不用力等，他就去练，练完以后，气乱窜，晚上睡不着觉。这个现象非常可怕，他们拿着网上的秘籍，根本不知是好是坏、适不适合自己身体情况就去练，这种现象确实存在，广大拳友一定要有分辨能力。我个人理解太极拳有功法，有心法，有练法，有打法，这些都在拳论里边包含了，但是一般的人分不清练法、心法和打法。没有老师给你讲，你把练法当打法，那是要挨打的，你把打法当练法用，那是要出问题的，这叫本末倒置。所以练太极拳，想健身的就按健身的要求去做，千万不要往前再跨一步了，再跨一步，没有一个认真、负责的老师去教你，会练出问题的。

下面说一下功法、心法。功法，就是这一套拳架子打得是否规范，是否达到要求。心法，相当于如何把这个“里边”的东西进行提高，能达到一种积极的效果。俗话说：高手在民间。我们本地有很多默默无名的老拳师，老拳师们手里、心里装了特别多的东西，我一有机会就去拜访他们，一边喝茶，一边聊聊拳理功法。我们老师也是这样，我师傅说太极拳没有那么多玄之又玄的理论，他很多时候是把生活中的故事引入拳理里面，把拳理变得浅显易懂，从而潜移默化地渗透到我们的练拳过程中。他们没有现在网上的长篇大论，都非常朴实。现在理论满天飞，云里雾里不着边际，看着很丰富，但是能踏踏实实吃苦、耐住寂寞、练基本功的人太少。打个比方来说，你的功法练好了，就像我们架的电线，线杆架好了，电线扯上了，线杆线路有了，在那放着，如果不通电，灯是不会亮的。功法相当于电线，心法就是电源，有电线，有电源，灯才会亮！所以，功法和心法缺一不可。我们老师讲过没有功夫做底子，法不管用！所以有“有功无法，无以为用”这样的说法。你身体功夫再好，但不知道方法怎样去用，叫“有功无法无以为用，有法无功有法也空”。

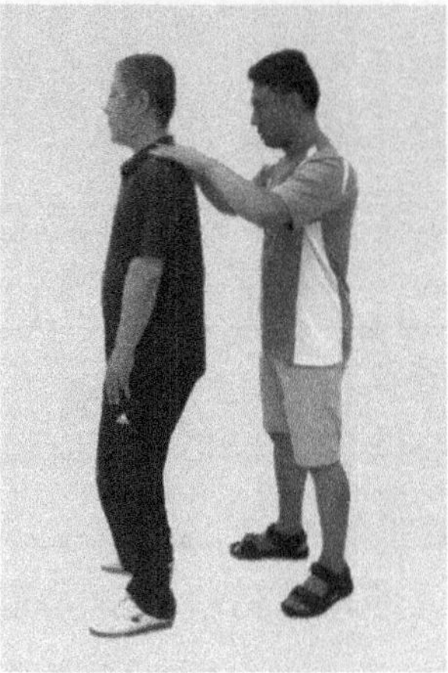

下面跟大家分享这样一个事例，是当时我们老师遇到的一个问题。师傅在焦作教拳的时候，按传统的教法去教，要求过严，有一个公司的领导跟他学拳，师傅可能在练拳的场地批评人家的语言不是那么委婉，结果第二天人家不去了。反馈给师傅后，师傅心里边也很难受，好心教你却不领情。现在教拳的人光说好听的，怎么练都是好，不说不中听的话，这其实是害了拳友。还有一个学生跟老师学了一个晚上的拳，学会了老架一路，然后他回了家，回家以后给老师写了封信，他说从老师家里出来以后，回到自己家里记得的动作不到 10 个。这个例子告诉我们传统的教学方式与现在的快餐化教学存在的优势和劣势。

下面说一下我的教学方式：从 2019 年 10 月份到现在，我通过网络视频，把两种教拳的方法综合了一下。从基本功开始，通过微信视频教学，我根据学员自身情况，为每个学员定制适合的动作。一个动作，要练多长时间，间隔多长时间，学员根据我的要求，把这个动作练得符合要求后，再练下一个动作。我教的学员不多，但是有一半学员他们现在练拳都有身法了，这是非常难得的。他们练基本功都非常苦，有时候一个动作会练上近一个小时。我的教学方式是一对一地具体讲解，纠正动作，再讲解。就像盖房子，四梁八柱这些基础建设一定要夯实到位。

接下来关于太极拳中开胯的问题。开胯，有左右方向，有前后方向，还有上下方向，这几个方向是立体的，有开前胯，有开后胯。另外，胯上下还有一个活动的空间。

那么达到一个什么样的状态才算开前胯？首先，就横面而言：两脚分开，左右脚向外展（左脚向外撇，右脚向外撇），两脚呈

180度，然后往下蹲，往外开膝关节，蹲到膝关节垂直脚面，大小腿调节成90度，身体立直，达到这样的状态，这个时候说明你的前胯已经开了，这只是一个结果，千万不要把它当练法。当练法，你会拉伤肌肉，有可能还会把腰椎练坏，因为这些东西是一点一点非常复杂地练出来的，不是依葫芦画瓢。我们一定要弄清什么是练法，什么是结果，过程与结果一定要分清。现在好多人不明白，就是因为把结果当练法在练，所以才练出很多问题。

拳友问答

1. 老师，您能介绍一下开胯的练法吗？

开胯的练法非常复杂。人体有骨骼、肌肉、肌腱、韧带，髋关节是全身最大的一个关节，肌肉、骨骼也相对来说比较大、比较粗，肌腱肯定是最强的。如果想把这些最强的肌肉、肌腱和韧带拉开，那是需要付出许多时间和体力的，需要针对个人的身体素质提供方法，因人而异。开前胯一年，开后胯三年，你还得有正确的方法，还得每天忍受肌肉的疼痛。肌肉、肌腱拉开以后，从运动学来讲，肌肉今天拉开了，经过一个晚上休息，肌肉本身具有伸缩弹性，第二天它又会恢复正常。今天拉开，明天收紧，需要不断把这些拉开，还需要内气，不断地给它充实、补充。单纯的机械开胯在拳中也不管用，开胯以后，它的弹性和韧性都有限。

2. 老师，怎样练才能达到命门后撑？

这涉及太极拳的一个核心东西。我有位学生也犯过这个错误，在网上学了，给我发图片看，我一看，错了，不要再练了，再练膝关节就废了。敛臀也好，命门后撑也好，它是身体的髋关节、腰椎及上半身的所有要领做到之后形成的一个结果，不能单单地练命门后撑。如果你单单地练命门后撑，腰椎会产生问题，严重的很可能会瘫痪。不要把结果当方法去练。我再强调一下，命门后撑是全部身法做到以后自然形成的，不是单练出来的。

3. 老师，开后胯出来是怎么样的，能让我们看一下这个后胯吗？

这个位置没办法展示，关键是得手摸才能感觉到，外边看不出来。为什么说开后胯是我们太极拳的核心呢？你只能用手摸着，能感觉出来它的运行。它的运动空间很小，所以叫内家拳。陈家沟有句话，叫打人不露形，露形不为能。好多动作，功夫不到你看不出来的。

4. 怎么才算开肩呢？

开肩有两种，我现在只能跟你说一下，第一步开肩缝骨缝，第二步开肩胛骨。需要常年累月地练才能练出来的。

5. 古人练的背丝扣是什么？

髋关节开了以后，在运动的过程中，它是有一个股骨头的旋空间，折叠转换，到右边往左边转，到左边往右边转，这样形成的运动方式被称为背丝扣。但是如果你的髋关节运动空间不够，你这样练是练不成的，容易把膝关节练伤。

6. 老师教授的拳架，与现在的老架一样吗？

现在市面上流行的太极拳都或多或少地做了改动，为了表演，为了比赛。原汁原味的太极拳我师傅冉广耀那里有，他是跟他外公陈照丕学的，外公怎么教，他就怎么传承，他的练法和教法都是传统的，他的学生也很多。当时他在焦作矿山机械工厂工作，没有职业教拳，知名度不大，虽然说功夫很好，但是一直在民间，没有走向台前。只能是老师怎么教，学生就怎么练，按要求达到他的标准才行，是原汁原味继承下来的。

第三课　太极拳基本功之手法与步法练习

太极拳作为一种拳术，它有健身、防身、搏击功能。太极拳的手型和步法都非常关键。下面我们先讲一下手型变化，太极拳的手型主要有掌、拳、勾手这几种手型。掌，是瓦楞掌，就像我们房顶盖的瓦一样，它是中间凹、两边翘的形状。我们练拳的时候，需要小拇指和大拇指有一个相合之意，就像瓦一样，中间两个指头稍微低一点，中指最低，它处于这个瓦楞最下方，这样的手型叫作瓦楞掌。在练拳的过程中，需要注意这五个手指之间是似开非开的，练拳的时候，五指并拢或张开不利于上肢放松，是错误的动作。我们打篮球的时候，手指自然张开，是正常的持球状态。我们练拳的时候，也要自然地把手指分开，不要太直，也不要合到一起。手型运转的时候，手和肘间都有相应的关系，如果手指并到一起，肩膀就会感到紧张。放松手指，肩也会跟着松一点，所以一定要注意手型。五个指头和中医上讲的五脏六腑有密切的关系。好多人练拳，把手指伸得非常直，看起来手型非常饱满有劲，其实是不对的。

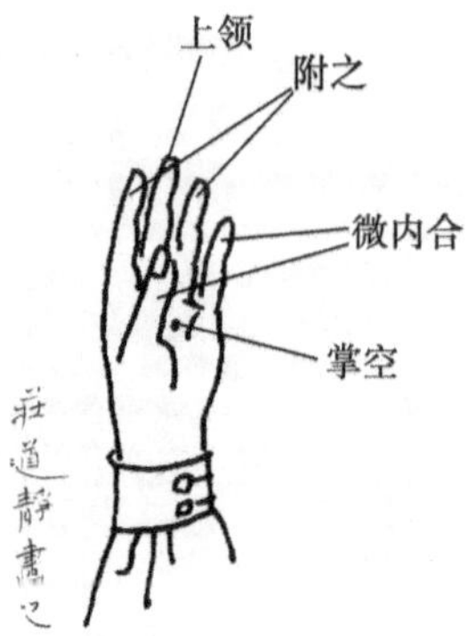

拳怎么握呢？四指往上卷曲，拇指扣在食指上面。这时候我们的拳要虚虚地拢住，不要握得太紧，如果握得太紧，小臂是紧张的，它就像一个棒槌一样。应当轻轻把它拢住，这时候小臂的肌肉是放松的，松松地放到这儿，这时我们的肌肉是松的，我们练拳和发力的过程中，它都是松松的，只有拳到终点的时候，瞬间一紧，整体突然都收缩出去，拳就有力量了。不能一开始就握紧，那样拳头出不来，自己就把自己捆死了。记住，拳是虚虚地握着，不能握紧。

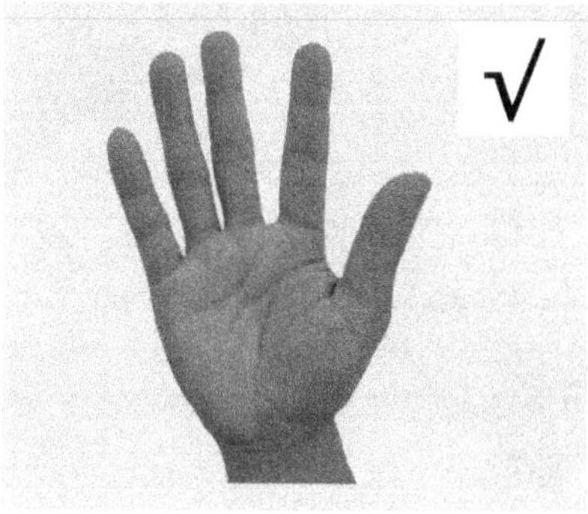

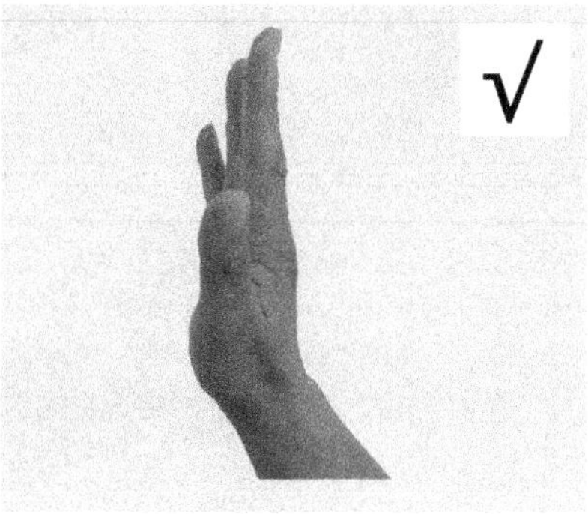

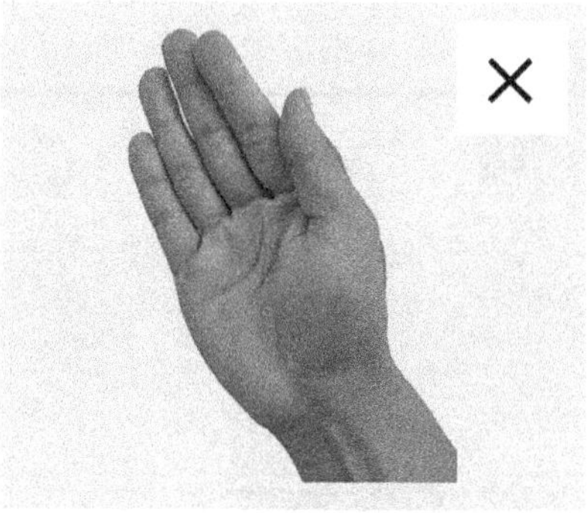

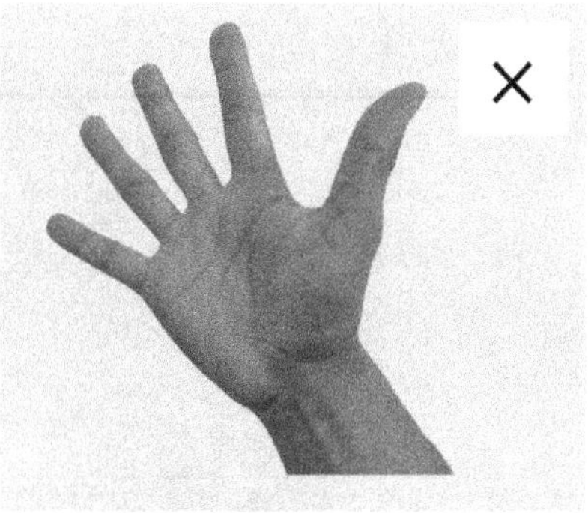

下面我们说一下勾手，勾手是四个指头捏到一起，四指并到一起，拇指压在上面就行了。勾完以后，四个手指弯曲一点，握一下，好看一点。手腕关节放松，伸得太直像个鸡嘴，不好看。另外，腕关节太紧张也不行，我们握的时候应当虚虚地握住，腕关节有一点弧度，这个动作看起来就比较好。勾手太紧，腕关节打折，气血就不容易到达手指上面，不利于气血的运行。所以我们选择勾手，如单边的勾手，手指要合到一起，手腕有一个弧度落下去，在技击的过程中，这个手腕可以打到对方脖子。如果勾手里边没有掤劲，一遇到重力，手腕容易受伤。如果有一定弧度，技击的时候就有充分的准备；如果勾得太狠，也容易受伤，所以说勾手时一定要注意手型正确。

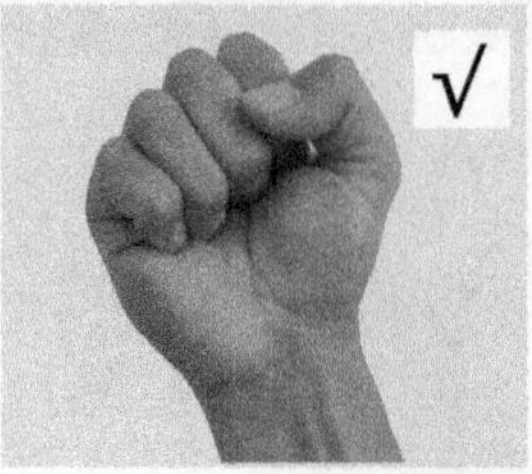
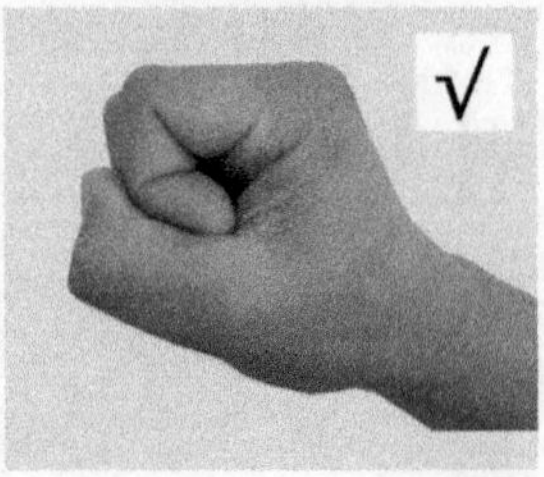
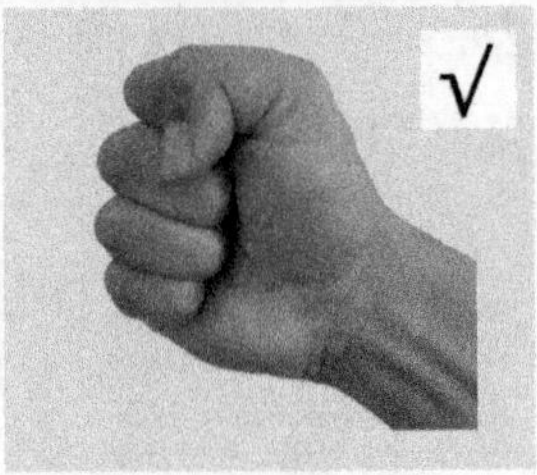
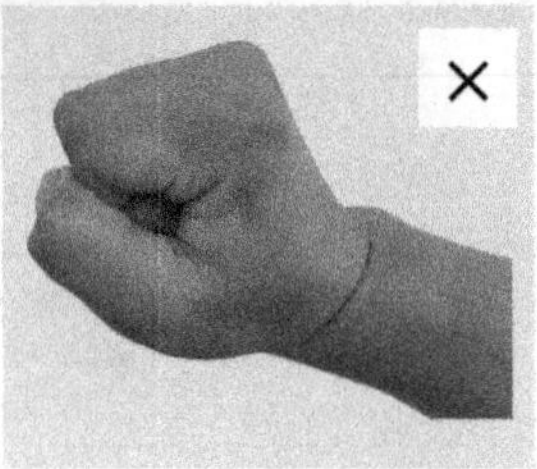
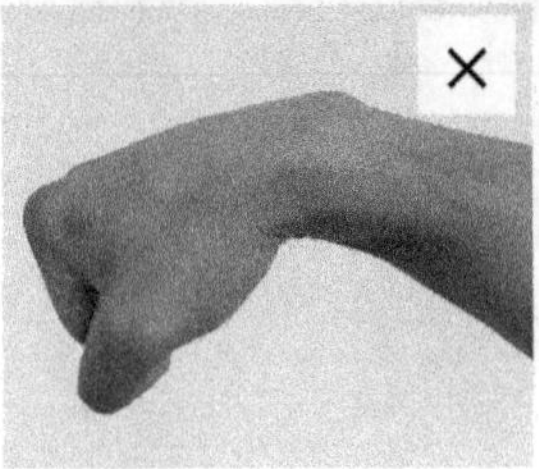
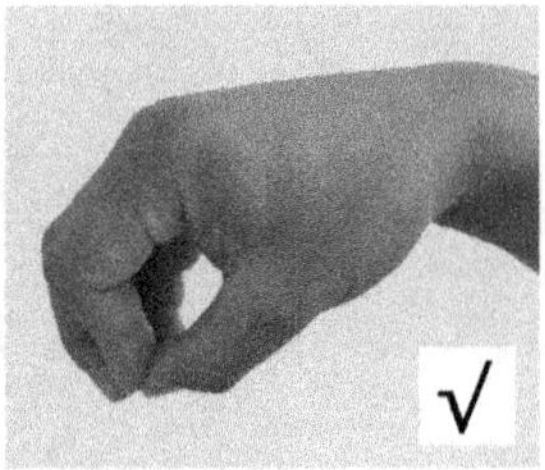
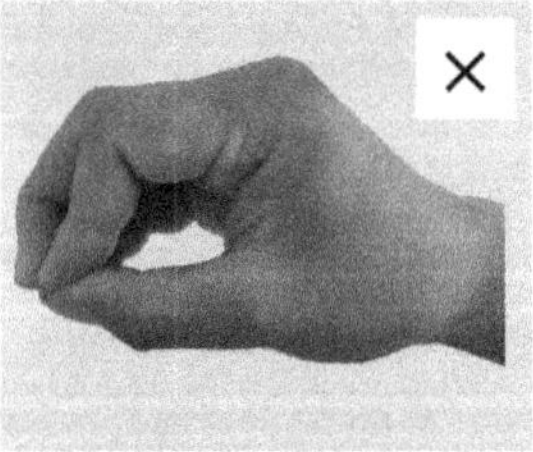
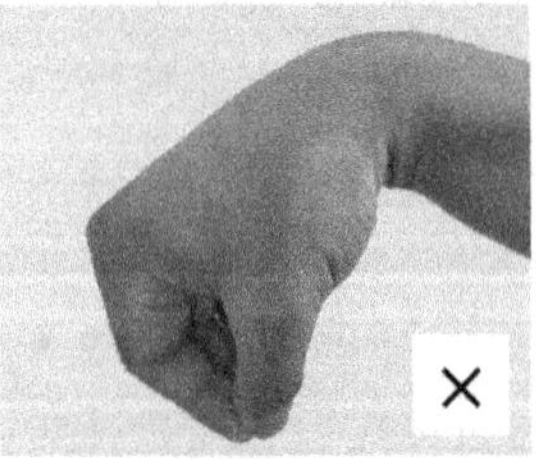

握拳的过程中，拳头不能上翘，手腕和拳背之间，保持在一个平面上，这样你的拳面是平的，小臂、拳面是顺的。如果拳头上翘，手腕容易受伤，打拳过程中不注意的话，碰到阻力就容易扭伤。所以我们练的时候，把拳面尽量保持到一个平面上，这样手臂不容易受伤。步法在太极拳中也是非常关键的。过去老师教拳有这样一句话：传拳不传步，传步打师傅。师傅把步法这个重要技术教给徒弟，徒弟功夫技艺一下子就超过了师傅。

但会出现这样一种情况，他讲的内容与练拳的人自身不一定完全契合，这就出现一个问题，那些东西你不一定能用，而且有时候用了还会出现相反的效果，为什么这样讲呢？拳论上有句话，叫作“一层功夫一层理”，就是说只有你的功夫达到某个状态以后，这个理论你才能明白。如果你的功夫和理论不在一个层面，自己的理解也仅仅是思想上理解，即“心知身不知”。所以有这样一句话，我就非常欣赏，“功夫深者浅理，功夫浅者深理”，就是对于功夫深的拳友，道理非常容易懂，而功夫浅者，难免就会觉得比较难懂。有的拳友听过理论以后，自己去做，做不到。为什么？身体达不到那个状态，是无法体会到的。

现在我们先需要明白这个方向，如果我面朝大家的话，这是一个平面，跟我的身体的躯干水平，这前面是前后的垂直面，一个横面一个垂直面，十字形的，前后左右，这是四个方面，也就是八卦图中的东南西北四个方向。一般情况下是面南背北，左东右西。在这四个方向之外，还有一个斜角，即东南、东北、西南、西北这四个斜角的方向，也就是垂直状态，横面垂直面，有个斜的方向，即我们一般讲的45度方向。我们先把方向搞清楚，如起势的时候，两脚是平行的，开步的时候，有一个横向的移动，有一个前后的移动，我们学练太极拳的步法大部分移动的时候是45度角，开步45度角。45度角方向，一般都是东南、东北、西南、西北的这四个斜角方向，踩的是八个方向，前进也好，后退也好，这是八个方向，就是说前后左右加四个斜角，我们出脚的方向一定要搞清楚，为什么这样讲呢？现在很多人看着视频学太极拳，方向很难把握，不知道走多少角度合适，因此自己练出来的就五花八门。所以我们要先把基本的方向搞定，前后左右四个方向，然后是斜角的方向。一般情况下，我们的脚开步就是这几个方向，其他的方向不多。向前开步的时候，一般情况下就是45度角。

我们开步斜方向，比较合理，有利于你的实战和攻防，转身的时候，也容易站稳。然后我们说一下提脚、落脚的要求，开步提右腿的时候，把重心移到左腿上；提左腿，把重心移到右腿上。开步的时候，往前或侧方向开步都是脚内侧贴地铲地而出。所以我们练的时候，可以慢一点，开不了大的就开小一点，重心移过去。如果向前，提脚开也是往前开，脚尖翘起脚后跟着地，慢慢移动。移动完了以后把这个脚提起来，这个时候也是这样。我们撤步的时候，需要脚尖落地。提脚开步，脚尖前脚掌内侧往后移，这时候是脚掌内侧着地，这时候我们需要注意这个脚着地的方向和位置。

下面讲一下脚在移动的过程中需要注意哪些问题。比如上步，需要往前上步的时候，站稳，这个脚不动，移动脚，提起来向支撑脚靠拢一下，也就是先合一下，然后再开。这时候我们脚就是脚的运行方式，提脚的时候往里一合、一开。要是往外开，先往里合再往外开，这时候走的就是一个弧形。有的人提脚直接就走了，没有相合的概念。有的人就是一提脚就落地，没有开合，包括退步也是这样，这些都是不对的，需要注意。我们还强调一点，就是健身的朋友要控制松胯的高度。功夫深的，腿部力量支撑强的，可以开大步子，把胯向下压低。如果腿部支撑力量不足，胯还那么低，膝关节受力非常重，可能会把膝关节练坏。所以我们练拳过程中一定要明白自己的身体体能是什么状态，然后采取一个适当的练法。年轻的学员练拳，架子低一点都可以，但是年龄大了，太低的架子就不合适，我们一定要注意这些。

拳友问答

1. 转腰一般转多少度？

我们转腰的时候，脚步不动的话，带上你的髋关节的运动空间一般是不超过 45 °。

2. 懒扎衣开步定势的时候，脚后跟是否有落差？

正常状态下它是平行的，如果有专门的老师教的话，老师要求你前后错开多少，你就前后错开多少。每个老师教的可能有所差别，正常状态下开步的时候是平行的。

3. 大腿力量练习的基本功有哪些？

根据个人的年龄和身体素质而定。如果你的身体素质达不到一定标准，不要轻易练，容易受伤。广州一个学生就是因为练单膝下蹲，把膝关节的半月板给撕裂了。超过40岁的拳友也不要练了。练这个，膝关节、腰都会受伤。所以好多东西，拳友问我怎么不讲。说到底，还是担心你们把身体练伤了。这个动作我练了没事，你练不一定没事，练不好，会伤膝关节。所以有些东西、方法只能因人而异，看你怎么去练。

4. 单手缠丝怎么开呼合吸？

开呼合吸大致的环节是，往外开的时候呼，往下合的时候吸。

5. 转身的步法讲一下？

比如，我们练掩手肱捶，转身金刚捣碓。两手是开，转重心到右腿里扣左脚尖，右腿往外往后开，左腿站稳，身体转正。还有旋风脚，把脚提起来，转的时候，重心腿一定要正直，以脚跟为轴，膝关节打弯容易扭伤。

6. 金刚捣碓，它的重心是在左腿吗？

落下的一瞬间，重心是在左腿的，落完以后重心在两脚之间。

7. 单鞭转金刚捣碓，转得别扭吗？

主要是你的髋关节运动空间不大，缺乏这种专项练习。

8. 结合斜行讲讲外三合？

外三合就是肩与胯合、肘与膝合、手与脚合。你往那一摆姿势就行了，比如斜行，这个时候你的两肩和两胯是合的，肘和膝是合的，脚和手是合的。两仪生四象就是说两脚是两个方向，两手是两个方向。

9. 背丝扣的练法？

非常简单。前提是你的髋关节有足够的运动空间。它里边就像一个轴承一样，这就叫背丝扣。胯这边合，然后转过来，转到另一边。练的时候不露形。

第四课　膝关节疼痛问题及解决办法

太极拳作为一种流行的健身运动，它本身并不会导致膝关节疼痛，相反还会把一些膝关节的疾病给治好，但是现在练拳的人为什么会出现膝关节疼痛的问题呢？经过搜集和整理，总结了25个左右的问题。在这里选择几个比较重要的问题和大家分享一下。

第一点，练拳之前热身准备活动不足。不管做什么运动，运动之前，都得去热身。如果没有做热身活动，直接开始练拳，这时候膝关节里所需要的润滑液不够充分，在练习的过程中就会导致膝关节磨损而受伤。

第二点，很多练拳、学拳的人，没有接受过正规的培训，相当一部分是在广场上跟着练的，或者看视频、看书练一下。这会出现什么问题呢？一个拳友跟着视频学的太极拳，昨天他发了一张图片给我，倒卷肱做成右图这样，后方45度角开步往后移，然后移过来，然后再侧后方。他在看视频的时候看得不太清楚，就出现了自己拧着腿往后撤步的状况，这时候他膝关节是来回拧的。练拳的时候看视频学行不行？行，但你必须得有一定的基础，如果想提升，看看人家的示范、讲解，提高一下是可以的，但是如果你是零基础，一定不能照着视频学。

第三点，缺乏基本功、腿部力量支撑不足的情况下，还把拳架放

得很低，膝关节受力是非常重的，在这个状态下去做运动，膝关节肯定容易出问题。刚开始，为了体现自己的水平也好，美观也罢，把架子放得特别大，容易出问题，这是重心高低的问题。另一种情况是跪膝，一般人理解就是膝关节超过脚尖。这是一种表象，为什么叫表象？膝关节跪膝，超过脚尖，如果说我的膝关节没有超过脚尖，在某种程度上也叫跪膝，这与我们的胯是否松了、有没有折叠有关。如果胯是顶的，顶着身体的重心全部压到膝关节，虽然膝关节没有超过脚尖，但是这个状态依然是跪膝。如果胯没有松开，所有的力量全部挤压到膝关节上，受力非常重，在这种情况下做运动，膝关节的承重能力有限，就容易受伤。所以在做运动时，第一，看你的膝关节过脚尖了没有；第二，看你受力的重心腿的胯关节是否放松。如果我们的胯处于放松的状态，膝关节超过脚尖，也无所谓，因为这个时候膝关节不受力，受力的是胯关节。但是如果胯不松，做动作，膝关节肯定是要受伤的。

好多朋友说太极拳讲究圆裆，怎么圆的？其实真正的圆裆是你的髋关节放松以后，两个胯之间它有运动的空间，俩胯外撑，这个时候叫圆裆。但是很多人弄不清楚这个问题，认为膝关节外翻是做出来的，就使劲外翻膝关节，其实这是不对的。如果髋关节不松，你往外翻胯，膝关节也外翻，你是翻不动的，膝关节力量没有胯关节力量大，这个

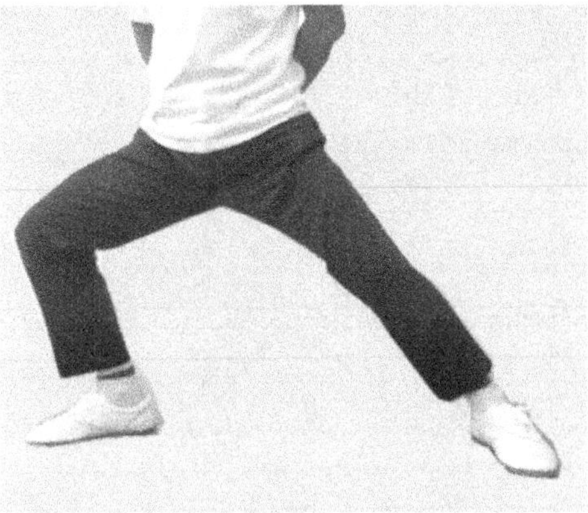

状态下，受力不顺，力量聚集到膝关节，就把膝关节练坏了，这是盲目地把膝关节外翻的错误类型。其实要想外翻膝关节，髋关节松开以后，膝关节自然也就顺遂了。髋关节空间小的问题，在练习过程中，学员自己根本不知道，因为髋关节完全没有松的话，膝关节也是被迫往下跪。比如，金刚捣碓前掤上步的时候，如果右胯不松，膝关节就撇了，撇一两次没事，时间长了以后，就把膝关节撇坏了。如果髋关节处于放松的状态，不管你往后捋，还是往前掤，膝关节都是外翻的，不会出现往下撇的现象，所以，关键在胯，如果你的胯不开，容易膝关节受伤。

还有一群人学太极拳是为了比赛，他们把架子放得非常低，膝关节来回乱晃，展示自己的身法多么好、多么漂亮，体现力量角度。年轻人练拳还好点，年龄大的人这样练简直就是自残式练习。当年我去师傅家，听师傅讲起过一个师妹，为了参加比赛，把架子下得特别低，结果把膝关节练伤了。膝盖的伤是不可逆的，无法修复，不可逆转，尤其是膝关节里面的半月板很难恢复。所以我们练拳的时候，不要为了比赛，放低架子。

下面再说一点，就是大家都知道我们练拳裆走的是横 8 字，但是很多人练的不对。我们走横 8 字的时候，两个胯需要放松，往左走，

左胯放松，合右胯，然后往右走，前提是你的髋关节有没有那么大的活动空间，如果你没有足够的活动空间，就成了拧膝关节。现在很多人都是这样拧的，包括那些参加竞技比赛的。我们需要明白一点，膝关节只能前后折叠，如果非要拧来拧去，迟早有一天你会把膝关节拧坏了。如果你一天练一遍可能无所谓，要练上十遍、八遍，用不了一年你就走不了路！所以我们要清晰地知道，膝关节只能前后活动，不能拧来拧去的。膝关节运行过程中，受力的膝关节一定要对着脚尖的方向，这是我们保护膝关节的前提。有一种特殊情况，你的胯关节一定要松开，活动量足够大的情况下，膝关节与脚尖相照不相照问题都不大。练小架子是要求两脚平行，力量直接通过膝关节传递到脚底，不会顶到膝关节上，不会出现这个问题。所以说胯松了以后，力量通过膝关节，传导到地上。如果胯不松，全身的力量全部压到膝关节上，这时候膝关节就受不了。人体的膝关节是非常脆弱的，大家都知道，好多拳友练拳的时候，喜欢站桩。站桩的过程中，为了圆裆，有的人把膝关节往外撑，力点从上到下的力量就不顺了，时间一长，膝关节一定会受伤。所以我们站的时候要轻轻地站，为了圆裆而

使劲地撑膝关节是不对的。实际上圆裆是我们大腿根外撑，而不是膝关节，但是有的人不明白，认为看着圆就行了，所以说我们一定要明白我们的膝关节应该怎样使用。

最后一点，是腿部力量不足导致动作方式不对。我广州的一拳友看别人练蹲起，自己试着练，由于方法不正确导致自己膝关节的韧带拉伤，腿使不上劲。后来每天按我的要求练了两个月，膝关节恢复了，现在练拳不受影响。

单腿蹲起这个动作一能增加腿部力量，二能松胯，三能松腰，但是这个动作不是所有人都能练。如果说你没有经过系统的训练就这样做，受伤了，你说是这个动作有问题还是你自己本身有问题呢？其实这个动作本身没有多大问题，是你练的时候没有注意。好多人留言说老师你把你的那个方法给我讲一下，我说对不起，教拳必须要面对面，我看得见你，你看得见我，我教你才管用。如果我看不见就跟你说了，不但起不到好作用，还可能会起坏作用。蹲起虽然是很好的锻炼方法，但是没有人指导你，会把身体练坏，不管腰也好，膝也好，练对了就好，练不对就会伤害身体。

还有个需要注意的地方，我们练习的时候膝关节不能过脚尖，过脚尖膝关节会受伤。在练拳的过程中，若我们的膝关节过脚尖，就要赶紧往回收。这时候膝关节到这个位置，如果你要回收的话，会紧张，一紧张它里边活动的空间就小了，就会受伤。所以我们在练的时候不要故意把膝关节过脚尖，把膝关节往回收往回撤，这是一种错误的练法。关键是要把这个髋关节盘开。比如，我练一个动作，膝关节过脚尖了，这是错误的。如果髋关节往下松，膝关节没有

受力，这时我们的步伐小一点，人往下蹲，就会出现这种情况。但是我就想把步子放大，腿部支撑力量必须达标，腿部支撑力量不够，你再拉大点，那绝对是自己给自己找毛病。所以说练拳的人一定要明白自己的拳处于什么状态、什么水平，应该怎样练，要一步步、一级级地练，不要跨级。现在好多人不知道自己处于一个什么状态，盲目地盯着别人练，自己没有分辨能力，盲目地学，盲目地练，这些人最容易出问题。还有一些锻炼身体的人为了出功夫，运动强度过大。强度过大，腿部支撑力量不足，这时候架子还是那样低的话，就会给膝关节带来压力，膝关节易受伤。还有一种是腿部力量不足的情况下你往上加动作，比如“白鹤亮翅”接着走斜行的时候，如果腿部力量不足，这时候全身都会紧的，力量全部都聚集到膝关节上，在这个过程中，膝关节容易受伤。所以髋关节放松，腿部支撑力量强，这时候做动作下盘稳固，上盘就轻松。不注意基本功的人很多，他们认为学套路动作越多越好，所以导致这些问题不断出现。

还有一种情况，就是练习的过程中，逢转必沉，逢沉必转。比如，我转移方向，上步的时候我们一定要放松，力量就上去了。如果我们的胯不放松，转的力量全部都聚集到膝盖，如果你要改的话，也很简单，腹股沟折叠，问题就解决了。但是如果没有腹股沟折叠，你顶着胯做动作，就会把膝关节磨坏。刚刚说了角度、高度，以健身为主的同学就站那么高，135 °，这时腿与膝关节之间的夹角是最合适的。运动起来，可以达到健身的最佳状态。

建议练拳的过程中，热身以后练拳最好就是高架练一遍，把身体各个关节充分地活动开，活动开了以后，架子往下落。如果你练三遍，第一遍、第二遍可以轻微地往下落一点，第三遍你只要达到低架子的标准，体能允许的话，可以加强动作力度。如果说你没有做好充分的准备，直接低架练，会容易横气填胸和造成肌肉损伤。

如果你练对了，练太极拳确实可以减缓膝关节疼痛。我有几个学生，他们也都是膝关节疼。我教了一些基本动作，他们每天按要求做，练了一个多月，现在好了，非常高兴。所以大家一定要在正确的引导下练拳。都说“拳练万遍，其义自见”，如果方向错了，那就是“拳练万遍，离题万里”。我们一定要注意，方法、方向正确比努力更重要。好多人练拳非常用力，一天练好多遍，不但没把身体练好，还练出了问题。出现这种情况，我们都需要反思应该怎样改进。还有很多小细节，包括膝关节保暖。练完太极拳以后，要把膝关节保护好，不要受凉风。

另外，补充一点：我们在转身的时候，重心要由脚到膝关节，胯是一条直线，力要成为一条直线。比如，我们十字摆莲的时候，膝关节要固定好，以脚后跟为主，以髋关节为主，两头固定死。有的学员转的时候，固定不好的话，一转就把膝关节扭伤了。一定要把膝关节固定住，膝关节不要乱动，不要前后左右乱拧，走我们的髋关节。比如，单鞭，拉开，站稳。

拳友问答

1. 转换重心是先蹬脚还是先松胯转腰？

先松胯转腰，然后再蹬脚，这时候我们的力是顺的。

2. 热身的时候把膝盖往外打圈吗？

热身的时候，膝盖往外打圈是错误的，是个很严重的错误动作，只能上下、前后活动，不能打圈。

3. 实腿脚掌外摆多少度？

一般情况下，膝关节对脚尖，脚尖方向和膝关节这个方向不要出现偏差，可以内扣一点。

4. 膝关节伤了怎么办?

全身的关节有一套自我保护的系统，在正常状态下，它是能够自我保护、自我修复的。如果你违背了这个规律，强行去改变它，或者在无知的状态下去改变它，这种情况下它就受伤了。我们需要恢复和保护膝关节，通过做热身运动，身体由静止状态到运动状态，身体会在各个关节上分泌润滑液。在身体发热和膝关节润滑液分泌足够的状态下做运动就可以了。但是如果热身不够充分，润滑液不足，你去超负荷地工作，就会出现问题。想恢复要通过一定的运动形式，如果伤不是特别严重，可以恢复过来。膝关节周围的韧带有保护膝关节的功能，如果你使用不当，会伤害膝关节。

5. 练拳时有一条线痛一下就过去了是怎么回事?

这个说明你的膝关节在无形当中已经受伤了，你需要恢复。练拳暂时停下来。

6. 如何理解腿未动腰先动?

这是一个非常高层次、深层次的问题。腿未动腰先动的前提是髋要松，前后裆要开，练出以腰为主轴，以内催外，才能达到腿未动腰先动，以内催外。练拳有几个层次：第一个层次是以外带内，通过外形的运动带动内气的旋转；第二个层次是内外合一；第三个层次是以内催外。拳论讲的留意到腰间是说每一动都是在腰部，这里是总发动机。

7. 丹田怎么内转?

气沉丹田，上虚下实，浑身放松，周身关节拉开以后它形成了一个结果。上虚，胸部往上是虚的，腹部是实的，气自然地沉下去，这叫作气沉丹田。但是现在很多人刚开始什么状态都没有达到，就想气沉丹田，使劲往下压，这样气压丹田，肯定会出问题。前后裆全部松开，然后才能以丹田为核心。

8. 稍微坐的时间长一点关节会发胀是怎么回事？

膝关节经络从膝关节过，经络不通，会产生一种胀的感觉。所以我们练拳的时候，动作要规范合理，把气血运行通，不要为了体现自己的能力与表演给别人看，人为地做某些动作。动作容易出问题。我们练拳的一个前提一定要记住，练拳是给自己练的，把自己的身体练好即可。

第五课　如何把拳论的要求练到身上

每个学太极拳的人，在练拳之前，要了解相关的拳论知识。拳论是前辈们练功经历的总结和心得，凝聚了终身的练拳体会，把它形成文字，一代一代地流传下来，这些拳论对于指导练拳有着非常重要的意义。但是在练拳的过程中，有几种误区，为什么这样说呢？首先就我个人理解，练拳，我前面讲过有三种目标和追求，但是现在多数人练拳是为了健身。而拳论是有具体要求的，它的层次非常高，它是一种传承和发扬。健身的学员，在这方面一定要有一个清晰的认识，必须通过严格、规范的训练和老师手把手的教，以及专门的训练方式才能学好，才能逐步向拳论的那种境界和状态去迈进，越来越接近它。单纯为了健身的意识需要淡化。《太极拳论》讲的“无极生太极，太极生两仪，动静之分，开合之分”，这些拳论讲得都非常好，可以说它是一个结果，练拳练到一定状态下的结果，并不是我们练功的方法，不是手段。

打个比方说，现在我们当地山上的樱桃熟了，非常喜人，红澄澄的，一串串的樱桃非常好看，如果我们站到树下，只能看见樱桃熟透时是红色的，只是看到结果。我们要采摘樱桃的话，需要工具，要么爬树，要么借助梯子，这个果实与我们之间是有一定距离的。给你搬一把梯子也好，帮你上树去摘也好，是我们要的过程，如果没有过程，果实在树上，你在树下，你依然摘不到。拳论对我们而言也是这样，我们缺的不是这个结果，我们缺的是练功的过程与方法。所以学拳的人一定要明白拳论与练拳是一个什么样的关系。拳论比较出名的是《太极拳论》《十三式的行功解要》，还有武禹襄、李亦畬他们两位前辈留下的一些心得和体会，这些资料是非常宝贵的，是我们向往和追求的方向，却不是我们练拳的手段与方法。

为什么现在多数练拳的人没有很大的收获呢？主要是我们缺了练拳的方法。举个简单的例子，把手转一个圈，你转的圈和名家转的圈，其实相差不大，差别在哪里呢？差在内在的东西。太极拳的肢体性动作，外形我讲过，外形它为阳，内在为阴，我们要从外形上着手的话，外形已经达标了，但是我们内在不达标，称为阴阳不平，阳多了，阴就少了，所以说我们要加强阴这方面的练习。我讲了无极桩，要求拳友们练功和打卡，能够坚持练的且连续坚持 5 天以上的也就 50 个人左右。为什么很多人没有去练，可能是没有时间，但是我想相当一部分人是看不上这个东西，觉得太简单了，没啥用，所以不屑一顾，坚持练习的这 50 个学员经过简单的指导以后，都有非常大的进步。

好多拳友站过无极桩，也有很多人站过混元桩。混元桩和无极桩有多大区别？5 名拳友通过自身的体会，讲述了这两种不同的方法和结果。我建议大家站无极桩，不站混元桩。如果你站混元桩的时候，两手首先得抱起来，抱起来的时候手臂要用力，肩膀要用力，你要明白你的手在什么位置。这时候你的大脑就会受到思想意识控制，时刻想着手到位了没有，是低了还是高了，这样不容易保持放松的状态，达不到那种无思无为混沌的状态，所以想松下来是很难的。我们练拳的第一步需要放松下来，体内的阴阳二气会自然地循环。你站上 10~20 分钟就会达到气在体内自然循环的状态，手指发胀发麻，这时候你的大脑没有任何的意识和思考，是一种自然的状态。太极拳是一种自然状态的动作，要轻灵圆活、要自然。如果我们过于追求动作，意念过重，就会影响体内气血的自然运行，练功的效果就不会太理想。有一个拳友练无极桩的时候，肩膀和手臂都不能放松，很紧张，一直松不下来，还出现横气填胸这些问题，原因就是直接跨过无极桩练混元桩。混元桩不是不好，而是练无极桩达到一定程度以后，再去练这个混元桩效果会更好。

为什么经典的理论与我们自身有那么一段的距离？练拳过程中，我们平常说得比较多的是心知和身体的体知。心知，就是眼睛一看都记住了。有个拳友，把拳论记得滚瓜烂熟，倒背如流，说啥他都明白，但是这些拳论就是落实不到身体上，没有一个像样的动作，心知与身知相距太远。我们如何把拳论体现到自己的身体上，这是我们努力的方向。我们学理论是为了更好地指导我们练拳，但是我们不能拘泥于理论，一味地把自己往理论上靠。我们健身的要求，就是在不违反规定的条件下尽量放松地练。如果拘泥于拳论的要求，会产生一个什么状态呢？拳论是先辈们达到一种境界以后的总结，它是一种结果。而我们现在多数拳友练拳时连基础的东西都没有，如何往拳论上去套呢？如果我们自身的条件达不到拳论的要求的时候，你要强行去做，它就产生不良的反应。譬如，拳论讲松肩坠肘、含胸拔背、屈膝松胯，这些东西是练到一定程度以后自然而然达到的一种境界和状态。我们刚开始肩是紧的，胯是紧的，如果强行去按要求做的话会适得其反，所以我们训练的时候，一定要先把自己的关节通过活动练开，在不违反拳论要求的基础上，尽量把动作放松，自然地行拳。通过数据统计，我发现了一个很可怕的事，就是很多拳友是通过看视频学的，看着别人怎样练，自己也怎样练。这对

初学者来说是一个非常大的误区。为什么这样讲？我个人的理解就是刚开始学拳的时候，对拳没有过多的认知，所以不要轻易地去模仿别人。视频上老师的练拳水平和你之间的差距太大，第一，没有互动，你看他练拳的时候，你不知道自己处于什么状态，作为视频上的老师，他也不知道你的身体状况，人家是按要求练的，而你自己与视频演练者之间的差距太大，无法达到他的要求，就产生了一些问题。最典型的就是一个 70 多岁的老太太看视频学拳，那种精神和境界令人佩服，但练的拳架子非常低，这种方式对身体是有伤害的。我在这里再强调一次，如果我们只是健身的话，练习的标准步子可以不那么大，重心不要压得太低。受力的腿也叫重心腿，大小腿折叠，夹角 135 °，是最好、最科学的高度，太高效果不好，太低容易伤身。记好 135 °，按照这个标准去练拳，不管你如何练，一般情况下不会产生膝关节疼、腰疼等问题，这是一个基本的原则。如果只是健身，这个标准非常好，非常规范，能达到健身的效果。如果你觉得架子高，达不到健身的效果，可以多打几遍，但是千万不要为了达到健身的效果，故意把动作拉这么低，这样会出问题。我们很多人出问题的主要原因是腿部支撑力量不足，做动作的时候容易产生牵拉，当腿部的力量撑不住，它就要其他位置的力量往那个地方聚，就会产生一些代偿的现象，腿的力量不足就会低头哈腰，其他一些毛病都会出来。所以我们练拳先把下盘支撑能力强化一下，下盘的支撑能力强化好以后，再把这个韧带关节活动开。这时候我们练拳就比较容易上手，不容易出问题，好多人练拳一上来架子特别低，当身体的全部重量压低的情况下，髋关节没有松开，力量无法转换，就会全部压到膝盖上面，膝关节在承重的状态下扭、转、摆，就会出现半月板的损

伤。多数的人半月板受伤都是因为膝关节受力过重，髋关节没有松的情况下力量全部压到膝关节上，膝关节周围的韧带也紧张，在紧张的状态下来回地扭动、转膝，致使膝关节受伤。如果你从高架子慢慢往下落，这样受伤的概率是相当少的，这一点一定要注意，这是对初学者和太极拳健身者的一个忠告。山东一个学员，他就是因为架子太低提着气到胸部，每次练完拳胸闷、打嗝，喘不过气来，很吓人。还听过这样一个故事，在温县陈家沟有一个很有名的拳师，他练拳特别下功夫，结果横气填胸。大师们也会走这种弯路，许多人都会犯，我十年前练拳时也出现过横气填胸，为什么？练拳之前没有意识到练习的规范要求，直接下了这么低的架，结果气血没有运行开，导致气全部顶在胸部，练完拳以后，一直往外呼气，很难受。由此我意识到练拳出问题了，停下来一个月，我反思为啥会出现这种情况。后来明白是由于活动的前期热身准备没有做好，及时地改了，就再也没出现过类似情况。

一般情况下，三个月内我们不学套路，只练基本功，把下盘的支撑能力和关节韧带盘开。当年陈家沟一位老前辈叫陈伯先，他问过一个老师——陈小旺大师的父亲陈照旭怎样把拳练好，陈照旭回答是：四大块（两肩两胯）放松。但是我们现在练拳从这四块开始练的人非常少，在关节不配套的情况下，直接上套路，活动量不够，就会产生这样那样的问题。所以我们练拳要先把前期的热身准备工作做好，髋关节、肩关节、膝关节和肘关节这些大关节基本上活动开了，达到运动的要求，然后再开始练拳，我们练拳的时候一定要规范、按要求做。

找了一份资料和大家分享一下：太极拳的微妙得之于窍，关窍就是关节。如果肘不开，锁的是心脉；腋不开，锁的是头脉；腕不开，锁的是肝脉；胸不开，锁的是肺脉；腰不开，锁的是脾脉；胯不开，锁的是骨脉；骨无力，则肾虚；筋无力，则肝损。

太极拳要求动作一定要以外带内、外顺内安，所有动作都是内在生命精气神的体现，就是说血气通而经络通。血气好乃是太极拳的功效。打的拳好与不好，不是看架式，也不是看发劲，而是看打完之后的气色、气血、脸色。我们练拳追求的就是这些标准，练的时候一定不是看拳发劲多么好，多么厉害，架子多么好看，而是看练完拳以后，气色是不是达到一种非常好的状态，是不是精神饱满，面色通红、精神饱满是我们练拳后的一种追求。现代追求功夫的人不是太多，主要是追求身体上的健康。这一段时间我通过教学发现练太极拳的 45 岁以上的人数占 70%，年轻的人比较少，多数人是为了健康而来。为了健康而练，就不要过于纠结动作，是不是跟哪个大师一致，非要把手摆到哪个位置，大的环节和大的要求只要不违背，把动作做顺，练多了以后，就能达到一种非常好的状态。

拳论对我们来说需要一个历练、认识的过程，我们练的时候应该根据自身特点，选择正确的方面去着手基本功和腿部的支撑能力。太极，在我们生活中，天为阳，地为阴。地就是厚重，天就是清明，腰以下要稳重，腰以上要轻灵，不能上下不分，上下不分则颠覆必生。我们练拳的时候要上轻下重，步伐轻盈自然。练太极拳的人都知道要放松，松是什么样的状态，紧是什么样的状态。我们总结了一句话，练的时候不是一味的松，一味的松那是懈。所以我们练的时候是紧中的松，用的时候是松中的一紧。比如，我们发力的时候，“啪”一下，就这么紧了，一瞬间力量就出去了，松中的紧为真紧，而不是说我们用的时候都一直紧着肌肉。所以说松中一紧，为真紧，紧中的松是真松。一定要辩证地看，不要一味地往外松，松的骨架就支撑不住了。一个山东的拳友说，学节节放松、节节贯穿，路都不会走了，那就是理解上的错误。在以后的练拳过程中，一定要分清这些。

拳友问答

1. 站桩室内和室外有什么区别？

在室内，效果会差一点。最好到室外，能够感受天地之间的气息。找一个景色宜人、安静的地方去，有利于人体和大自然交流。

2. 开胯有开前胯和开后胯之分吗？如何练习呢？

有。但这个不好做具体的要求，因为每个人的身体素质不一样，没办法做针对性的指导。笼统地说，其他的拳友看到以后，不顾自己的身体状况，自己盲目去练，会出现问题。前几天一个拳友跟我学，我教了他松前胯。他去练了，那天跟我微信视频聊天，他说他的股骨头是人工置换的，我立马叫停，调整训练方法。不管是开前胯还是开后胯，都有具体的方法去练。但是这里确实不能一概而论，因为每个人的身体条件不一样，同样一个动作，有的人做出来没事，有的人去做就出问题。

3. 节节贯穿怎么练？

节节贯穿是说力量从脚底到膝关节、到腰、到手，节节贯穿的关键作用是节节加力，节节加速，一点一点往上累计。节节贯穿不是节节减速，而是节节加速，节节贯穿的前提是节节分开，由上到下，一节一节都得松开。像我们的火车一样，节节松开，火车之所以做成一节一节，是因为它需要拐弯。如果做成直的，它就没有这个活动空间，拐弯的时候就有可能脱轨。这就是节节贯穿的目的。举个简单例子，如果说我们脚全部捆到一起，你怎么走？只能蹦。只有把它们放开，你才有活动空间。没有这个空间你就谈不上节节贯穿，更谈不上节节加力。

4. 站无极桩之前是不是需要做热身运动？

可以做3~5分钟简单的热身，由上到下把关节简单地活动一下，站的时候，重心一般情况下在脚后跟，但是你可以前后适当地调整一下，把脚后跟稍微离一下地，重心移到前脚掌。休息一下，再把它还原过来，前后微微调整，不要有明显的动作。

5. 站桩是早晨比较好，还是晚上比较好？

如果能够找到比较固定的地方的话，早上7点~9点也行，晚上5点左右也可以。只是这个时间段大家基本都在工作，不容易找到这么好的时间段。

6. 收势时两手平式和头顶有什么区别？

如果你能够从下往上到头顶再落下来，效果比较好。凭着意念用手托起大地上的气向上拖，把能量通过自己的两手，劳宫穴对着自己的百会，从这个穴位输入自己的身体，落到自己的丹田，做一个这样的循环，就是将天地之间的能量吸收到自己的身体内。像太阳光照到绿色植物上，它也是吸收一种能量，我们也像花一样将能量吸收为自己所用，这样的效果好一点。根据自己的时间，有的人打完拳比较沉得住气，能做3~5次。做完以后，左手在内，右手在外，放到自己的小腹前面，微微地站上一分钟或半分钟，收一下自己周边能量，还原到自己体内，这叫恢复到无极状态。就是无极开始，然后就是太极，太极练完以后，还原到无极状态。

7. 什么是开胯？

练拳的人为了周身气息的运行和发力，髋关节必须要打开。如果打不开，力量就发不出来，比如打靠劲，如果胯不开的话，只能靠腿的动作才能达到，不叫内家拳。

第六课　虚领顶劲，含胸拔背

在练的过程中一定要注意保持我们的内气要足、精神要饱满。我们在练的过程中，需要注意的问题就是气。道家讲的先天元气是一种能量，是从母体里继承的一种元气。后天元气是我们通过内脏吸收五谷杂粮后，维持我们身体运行的一种元气。我们在练习的过程中要注意通过激发先天的元气，与后天的气相结合，在体内形成浑圆一气，从而保证我们身体气血的运行。内家拳练的是精气神。我们说一个人非常有精神，干什么事都精神饱满，那说明这个人的元气和内气都比较足。如果说一个人少气无力，没有精神，干啥都提不起劲，我们可以判断他伤了元气。这就是精气神在我们人体中的一个正常的分辨状态，所以我们一定要搞清楚气在我们练拳过程中的重要性。

下面讲的是虚领顶劲的重要性。虚领顶劲，我们正面示范就是目视前方，下颌微收，这里有句口诀“问尽天下众英豪，喉头永不抛”，不能仰脖子，是为了保护自己，所以我们在练拳的时候，下颌往内收一点，头平正，不能往前低头，也不能仰头。现在好多人把虚领顶劲理解为使劲顶头，这个顶劲就是往上顶，是错误的，如下页左图。下页右图是自然的虚领状态。一定要注意这个“顶”是一个名词，头顶的意思，领是动词，指往上稍微领一下。顶字，不能理解成往上顶。头往上虚领顶劲，脖子放松，不要梗着脖子使劲往上顶，这个错误一定要避免。初学者不要过多地把拳理往身上套。练拳过程中，只要把头摆正，从头到尾保持正且直就行了。为了避免练拳过程中出现其他问题，前辈们提出了“头摆正，目视前方”的练拳要求，一定要注意。如果前期不注意这个动作，练拳的时候来回乱晃，

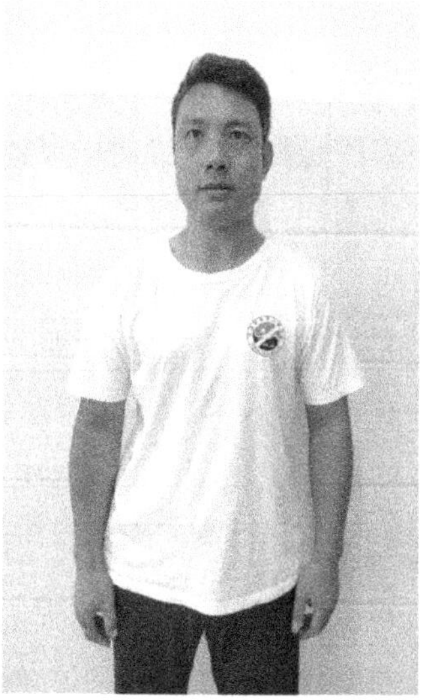 

一会儿低头，一会儿仰头，练到一定层次，我们的气血练开以后，就会出现气血不畅，气上不来的问题。我以前在练拳的时候，不知道虚领顶劲的重要性和它的关键点，练拳的过程顶劲稍微一落一塌下去，这个气就聚集到我们称为风池穴的这个位置，气就顶着。练拳的过程明显感觉这里发沉、发胀。这时候我们稍微有意识地把头往上领一点，练个3~5分钟这个气就过去了，就不会出现气聚集到这里的问题，也就是说我们把这个动作做完以后，气顺着头顶就上去了。如果没有这个领劲，气就会顶到这里，长时间练拳后，就会出现其他的问题。所以一定要认识到这个虚领顶劲的重要性。就像我们拎衣服的时候往上拎，把衣服拎起来，而不是使劲往上提，拎起来就是领的意思。一定要注意这个领，虚领顶劲往上领一下，领劲是为了避免练功过程中的东倒西歪，因为这样不利于我们周身内气的运行。所以前辈们讲一定要把这个规矩立好，有利于我们继续往前走。所有练拳的要领第一条都是虚领顶劲，由此可见其重要性。如果没有虚领顶劲，自己不注意，到后期会出现相当多的问题，并且不容易处理。我在教拳的过程中，有不少拳友反映出现横气填胸的现象。原因主要是很多拳友在练拳的过程中，要么没有领会要领，要么没有老师教。有个学员，我看了他的视频，我说他练拳有问题，肯定出现了胸闷、憋气的现象，他说确实是这样。我说要么停下来，不要再练，要么去跑跑步，先停下一个月到两个月。大家在练拳的过程中，初期一定要守规矩！一代太极拳名家郑悟清大师总结了几句话：形正则气顺，气顺力自通。如果我们的气运行非常通畅，以后发力也会非常顺利。我们再往后练的话，就是“以气正形”，当内气充足以后，就会出现“以气正形”。如果一个动作你做得不到位，气窜到这里，你会非常难受，这个时候你就需要找老师指点。老师会给你捏捏架子，摆摆架子，把这个动作改正过来，气就过去了。到后期就是“以气正形”，所以我们练拳一定要遵循这个程序。虚领顶劲的重要性，在于能使我们进行周天运行、内气运行的时候把气走顺。如果你低头或者仰头，气都不会顺，这是无数前辈们总结出来的，我们一定要重视。

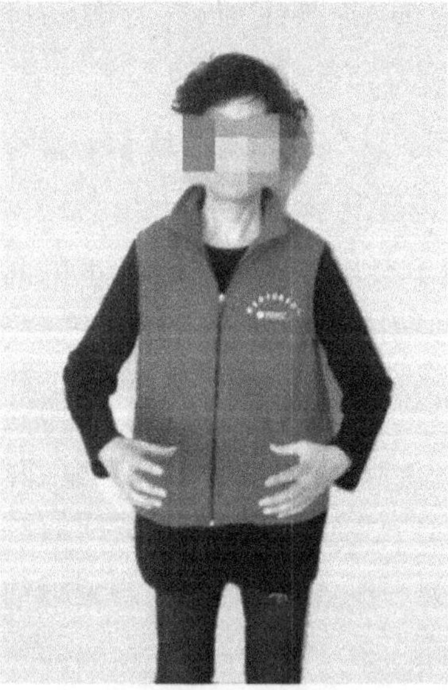

我再给大家讲一下舌抵上颚。有一个学员，舌头用劲往上顶，结果顶得下巴上这块肌肉紧张得不得了，非常难受。看他脖子上的筋暴起，我赶紧让他停下来。只看字面的意思，这是很多人犯的错误。前辈们的拳论，是先天无为状态下的一种结果，是对一种情况的描述。我们后来人把它当成一种方法去训练，结果导致各种毛病都出现了。练太极拳一个重要的追求方向是激发我们的先天元气，在我们身体内运行，通过我们的身体经络运行以后，把先天真气激发出来，然后配上我们后天的气，两者结合在一起，保证我们身体的正常运行，这是我们的目标，但是现在相当一部分人不懂得如何去激发先天元气。太极拳论的第一句话是无极生太极，只有达到无极状态之后，才能产生先天的元气。先天元气在身体运行以后，才能产生太极状态，有人为分阴阳才会动。就往那一站，这个气是自然运行的，想怎样走就怎样走，站到最后，你的手就会有感觉。通过站无极桩有感觉之后，你再练拳，把这个感觉带到我们的太极拳里面，就能无极生太极。很多人认为无极状态无所谓，直接上套路，结果练了很长时间，就是练不出功夫来，所以无极生太极是一个根本。你必须达到无极状态，才能激发先天的一切。先天之气与后天之气运行到一起再行拳，气才会越来越足。

下面讲“含胸拔背”。抬头挺胸收腹，精神饱满，这时候人感觉非常精神，这是我们一种常规的认识。但是我们练太极拳，尤其练内家拳的时候，需要把这个常规反过来。你再这样挺着胸，那就不行，一挺胸，气容易往上走，练拳是需要气往下沉的。所以为了避免这种挺胸的状态，前辈们在练拳的过程中总结如下：要含胸，微微地含胸，气往下落。我再强调一点，含胸不是做出来的，而是按照规矩一点一点练出来的。第一，避免挺着胸练拳，那样气会上行。第二，不挺胸，胸落下来。第三，两背肩胛骨拉开以后，胸部在身体不发生位移的情况下会前后收缩，会运动。这时候的含胸拔背是最高层次的，第一种是不挺胸，挺胸了后背肯定是夹的，如果说我们不挺胸，不夹背，这是人的正常状态，这就是第二层次。不挺胸，说明我们做到了。再练两肩背拉开以后，背往外走，胸部自然含进去了，所以说含胸拔背，它是练出来的。如果两个肩胛骨拉不开，没有活动空间，你后面往外一夹，你的胸肯定要出来，两肩往外一拉开，背就圆了，胸部就含进去了。拔背，把两个肩胛骨拔开，大椎穴往上拔一点，背像一个乌龟壳一样，这个背拔圆了以后，

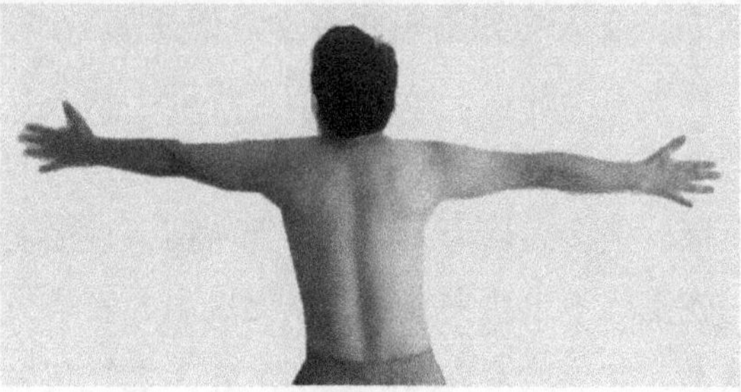

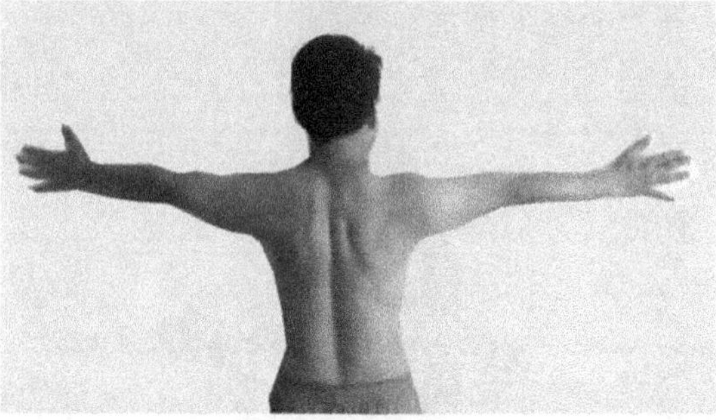

胸自然就含着。拳论讲含胸拔背与呼吸有关，吸气的时候，气是往下走的，呼气的时候是往外开的。这个时候你用的是腹式呼吸，一吸，小腹鼓起来；一呼，丹田出来了。这时候你的含胸拔背就会配合着动作，配合着呼吸进行，所以叫作虚心实腹。练拳含胸就是虚的，不要实，把胸部的气往下放。往里边能装东西，往下落，你要顶满了，那就进不去东西。所以我们练拳的时候含胸拔背，虚心实腹。其实道理是一样的，配合着呼吸。再次强调：第一，不要挺胸，一挺胸，气都上来了。横气填胸严重了以后，呼吸就有问题，呼不出气，吸不进气，顶住了。第二，胸部正常平。第三，就是两肩拉开以后背开，胸部自然就往里面收。这是拳论上讲的真正的含胸拔背。在拳论上，这叫作后边开了，前面合，前面开了，后边合，这是前开后合和后合前开的关系。在练拳过程中，这是达到一定程度以后才能练出来的。

在这里给大家总结一下，含胸拔背、虚领顶劲，往上走以后，背这个大椎穴也要往上走，配合着我们松肩坠肘这个身法，都全部做到位。这是我们练功夫练到身上以后形成的一个自然状态，它不是练功的方法，不要顶脖子，不要含胸。上海的一个大学生，看着书学动作，说虚领顶劲，他梗着脖子、顶着脖子来练，不明白字背后的意思，望文生义。我们练拳，第一，虚领顶劲，就是把头放正，利于我们的气血运行；第二，含胸拔背，不要挺胸，就这样练的时间长了，功夫到了一定层次，我们的两背开了以后，胸自然含进去了。这个状态才是达到了真正的含胸拔背。

拳友问答

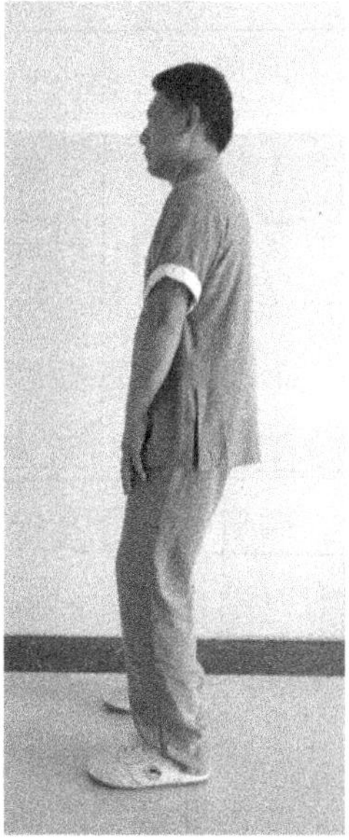

1. 学套拳会出什么问题呢？

基本功不扎实的情况下，容易练伤。尤其容易练伤的是膝关节。动作上出问题，气血也容易出问题。根据这种现象，我计划从星期天晚上开始教陈小旺老师编的19式太极拳，一招一式要练上一星期，我一周只教一个动作，这19个动作用五个月讲完。

2. 请问老师含胸拔背做示范松胯是什么感觉？

胯松了以后，你走路或上楼梯的时候会感觉到腿发沉，这就是胯松的感觉。

我专门有五项专项训练的课讲开胯合胯。专项的课，你们可以进行专项练，专项学习。

3. 怎样算是达到虚领顶劲状态？

初级阶段只要把头摆正、不前仰后合就可以了。再往后练，你会感觉到百会穴有一丝丝气感，气上去了，然后落下来。这个循环到一定程度你会感觉得到。每个人体质不一样，它产生的反应也不尽相同，这个时候我们不需要过于关注，练拳的时候不摇头晃脑，不上看下看，我们只要保持头正就行了。

第七课　松腰落胯，松肩坠肘

松腰落胯和松肩坠肘是太极拳的基本内容，可以说是练太极拳的一个起点，也算是一个门槛。因为松肩坠肘、松腰落胯这两点如果没有做到的话，对学太极拳的人来说是没有入门的。所有练拳的人都知道练习太极拳、形意拳、八卦掌这三种拳，都要松肩坠肘、松腰落胯，但是真正做到的人少之又少。为什么呢？松肩、松胯在以前的内家拳里边非入门弟子是不传的，只有磕过头、拜过师的才教这些东西。两肩、两胯要松，什么状态下是松，什么状态下没有松，这些都是有判断标准的。如果你达到这个标准，就说明你的肩膀是开的，松开了；如果没有达到这个标准，任凭你把理论背得再熟，动作表演得天花乱坠，在行家的眼里，你依然是门外汉。

太极拳的松腰落胯和松肩坠肘还必须靠学员自己去练。如果你练不到自己身上，我讲的你只是明白了其中的一部分。

下面我开始讲松肩。为什么要松肩？在生活中，人们要提东西、搬东西，这些会导致肩膀的肌肉紧张，肩关节周围的肌腱保护了肩关节的韧带和肌肉，这是人体的一种自我保护机能。而我们练拳就是要把肩松下去，达到一种放松的状态。现在我们把一个人从肩到胯这几种状态给大家分析一下。第一种是自然状态，我站在这里你说我紧张吗？我不紧张。你说我放松吗？我也不放松。这是一种自然状态。第二种是紧张状态。第三种状态，也就是我们练拳达标以后达到的那种状态，是一种放松的状态，大脑不紧张，精神不紧张，肢体、筋骨、韧带都拉开了，是一种放松的状态。我们要清晰地明白我们属于哪个水平、哪个层次，我们应该往哪个方向努力，达到一个什么样的境界，这是我们每个练拳人都要清晰认识的。如果你只是听拳论或看视频，有些东西是看不明白的。拿我们骑自行车来说，骑自行车的时候，在平地上骑是一种自然的状态。如果我们要骑自行车上坡，就会根据坡度的大小来调整自己机体各方面用力的状态，这时候就是一种紧张状态。放松是什么样的状态呢？我们骑自行车走下坡路的时候，扶着车把，脚不用蹬，车自己往前跑，这种状态就是放松的，由精神到身体都是放松的。下坡时，我们除了需要控制速度、方向外，根本不用一点力。同样的道理，我们练拳的时候，比如我们刚开始学拳架、学动作的时候，就相当于我们骑车上坡，不用力就是不行。第一，你需要记动作，大脑是紧张的；第二，你得做出动作，还是紧张。作为初学者，你说你放松了，那是骗自己，骗不了别人。学习需要一个过程，这个过程需要多久，与你自己练这个动作的时间、次数、强度有关系。练习多了，自然就放松了，这是初学者的一个阶段，我们都要经历上坡这样的过程，谁说自己刚开始学拳就达到放松的状态，那是自欺欺人。一个动作记熟练了，可以不用想就清晰地知道下一个动作，这可以说是达到了在平地上骑车的一种自然状态。再继续努力，那就达到了我们说的骑车下坡的状态。再往上面提高，我们肩关节拉开了，肌肉的延展性拉出来了，骨缝也拉开了，这时候才是真正的松肩！只有肩松了，肘才能坠下来。如果肩膀紧张，肘肯定是紧张的，松肩以后肘自然坠，坠肘是松肩的结果。松肩坠肘是一因一果的关系，如果架肩，肘肯定坠不了。如果肘坠下来了，你的肩肯定也不会太紧张。但你架肘的话，你的肩百分之百是不会放松的，这是一个因果关系。所以我们讲松肩坠肘，大家要明白这个意思。

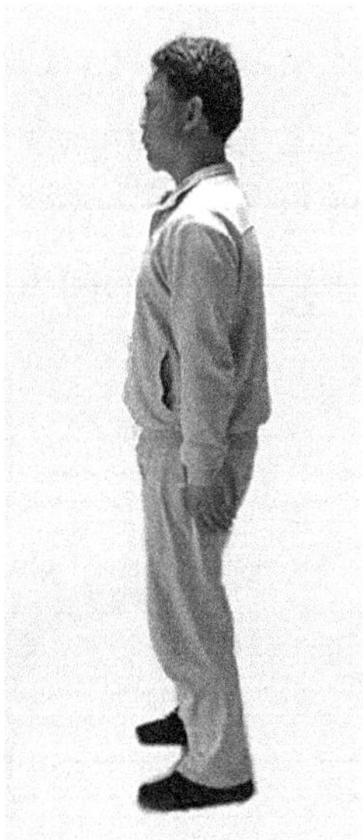

我们在练拳的过程中需要找一种什么样的感觉呢？把肩关节拉开，拉开肩关节是通过一个专项动作去训练的。这个专项动作不练行不行？行，通过套路也可以把肩膀打开。但是周期3~5年是有可能的，8~10年也是有可能的。如果进行专项训练的话，半年后肩膀基本上都可以拉开。专项的训练，有时间、有次数、有强度、有动作、有方法、有组合，不是说一句话就能解决问题。

肩膀松开之后，肩膀和手臂之间有空隙。就是说我们的手就像钟摆一样，一点力不用，就前后在晃，就像我们练起势的时候，手自然抬起来了，这就是松肩的结果。

如果我的肩没有松开，就是如下图的一个状态，如果我肩膀用劲，它就是这么生硬地做。第一种情况就是这样用力，刚开始的时候谁都是这样，什么节节贯穿、放松灵活是不可能的。第二种情况就是不用那么大劲，手上不需要太大力量，它就可以起来。最后，到了一定程度，我们的气也足了，就通过内气，以内催外，轻轻地就起来了，然后轻轻地落下。

著名太极拳前辈杨澄甫的徒弟李雅轩曾经在一篇文章里说，太极拳要“空肩”。当时我看到空肩这两个字的时候，并不知道空肩是什么样的状态。因为你没练到那个境界，是不能真正明白的。只有当你把空肩练出来了才会明白，这个“空肩”的“空”指空气、空间。肩膀和上臂之间有空隙出现，感觉这里边有空隙，这就是我们讲的空肩。你做动作的时候感觉肩膀好像不存在，这时候肩才是真正分开，才是真正松开。松和空，松在前，空在后。在杨氏太极拳里边，有松空之说，在陈氏拳里提的不多。我们练松肩有两个层次：第一，把上臂与肩膀这个骨缝拉开以后，肩膀的灵活性非常高。第二，松肩开肩就是拉开我们的肩胛骨。我有视频专门讲开肩，就是说肩胛骨合在一起，再把它拉开，一拉开肩胛骨，胸部就合了，也就是含胸拔背。如果肩膀不开，含胸拔背是做不到的。所以说开，就是要开肩

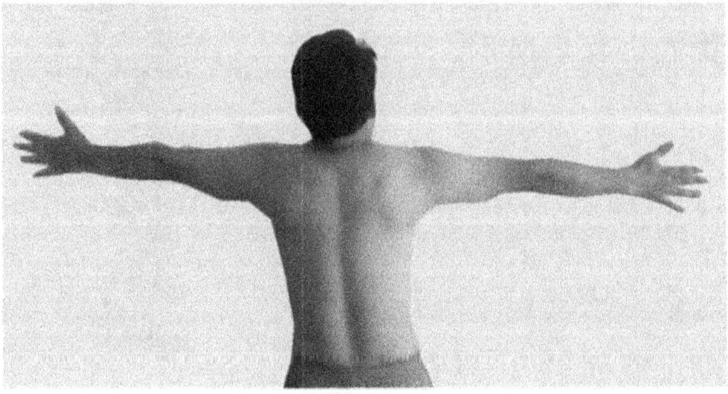

胛骨，做动作的时候，往里面合，开肩合胸。这是一个合，然后前边开了后边合；后边开了前边合，开的是肩胛骨。开肩是分两部分的，我们练的时候也需要练这两个部分。既要开也要合，能开能合，我们才能用得上，再练拳，才能说这个动作练对了。如果只开不合，那就没有用。如果你连开都不开，那就不要谈合了。

我给大家准备了几张图片。首先看上面一张，它是一个人体的骨骼图。左右侧骨盆中间是骶髂关节，我们练拳开后裆，开的就是这个骶髂关节。把这个极强的关节拉开后，两个骨盆可以动，中间骶髂关节可以动，这是开后裆。所以练拳讲的后裆就是这个位置。下面这张图开的是前胯，开这个位置以后，胯这个股骨头和髋臼之间有了空间，可以上、下、前、后转圈，它像一个轴来回转，这是开前胯。只有开胯以后，我们在运行过程中需要落的时候，把它合住，这叫落胯。如果说这个胯的位置没有空间，没有拉开，含胸落胯的话那都是假的。所以把这个胯股骨头和骨盆之间的空隙拉开，拉开了以后，可以往外开一点，然后可以合一点。它的空间一指宽，有了这个空间，里边转动就非常灵活，如果没有这个空间，你要是转 8 字，膝关节拧不过这个胯关节，胯关节不开，那胯的任务就要交给膝关节，那就是膝关节在转圈，就会导致膝关节损伤。凡是练拳的时候，膝关节绕圈的，那都是

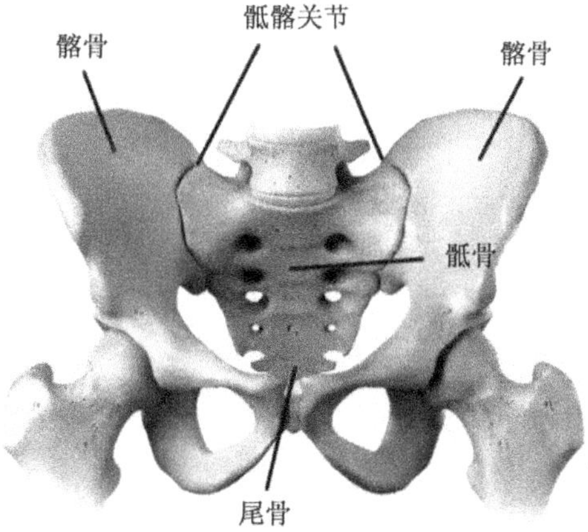

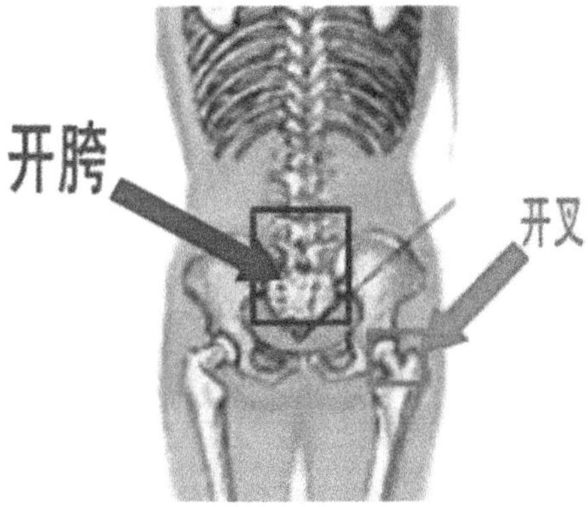

胯关节没有开。在这种情况下，膝关节的运动空间是小于胯关节的运动空间的，如果说膝关节运动空间过大，那胯的运动空间肯定过小。我们要想把这个胯关节打开，膝关节运动空间一定要小于胯关节运动空间。胯关节开了，转动空间大了，转移重心这个动作做起来才会十分的流畅和自然。

再看一下后胯的位置，现在有多少的韧带在这包着我们的骨盆，每一边有五根以上强韧的韧带把这个骨盆给固定住了，我们想开后胯就需要跟这些韧带作斗争，通过专门的动作、专项的训练，你才能有机会把这个后胯打开。这个骨盆中间的骨骼十岁以前是没长到一起的，没有连到一起，它是三块骨头，中间一块，两个骨盆，十二岁以后这个骨盆基本上长到一起，再把它打开，非常难。

我最后再说一点，松腰、落胯、沉肩坠肘，这是前辈们把功夫练上身以后的一个终结性的评价。这是功成以后的状态，它是一个结果，我们不要把这个结果当作方法去练。练功就像盖房子，盖房子的整个流程，也就像练功的整个流程，我们需要注意的就是这个过程！我们要清晰地认识到，不要把结果当过程来练，好高骛远，只能是走弯路，从头再来。

拳友问答

1. 怎样松肩落胯？

一句话，守着规矩，认真练拳且多练。这个周期会非常长，前提是守着我们练习的规矩，不要违规，多练就行。

2. 怎样松腰落胯？

正确的方向，正确的方法，加上练习强度才会练出结果。我的学生通过两个月专项练习，就找到了松腰落胯的感觉。如果没有这些专项练习，通过套路是很难练出来的。老一辈学拳，他们是在老师眼皮底下练的，学员达不到要求，就不做下个动作，只能一关一关地走过来。

3. 传拳不传功?

功法是入门了以后，教给入门弟子的。为什么这些东西不轻易传？因为非常珍贵且非常难练。

4. 大转子运动能感受到，后髋感受不到?

你能感受到大转子运动，说明你的前胯开了，感受不到后胯正常，因为你的运动方式和运动水平决定了你触摸不到这些东西。没有老师教你的话，是不可能感受到的。

5. 转胯时候不觉就断开了，这个怎么解决?

转胯时候，一定要把膝关节固定住。只有把膝关节固定住，你才能动胯关节。不是说膝关节一点点都不能动，而是幅度小一点，尽可能地控制，这样髋关节才有机会活动。

第八课　太极拳的基本要求和桩功的练法

今天讲授的“无极桩”功，得益于一位练习郑悟清太极拳的老师——潘永红。潘永红老师习拳四十多年，拳艺精湛，理论知识丰富，讲解动作生动传神、细致入微，在我练习太极拳的过程中给予了我耐心细致的指导。经过潘老师的言传身教和精心培养，我的拳艺得到很大提高。

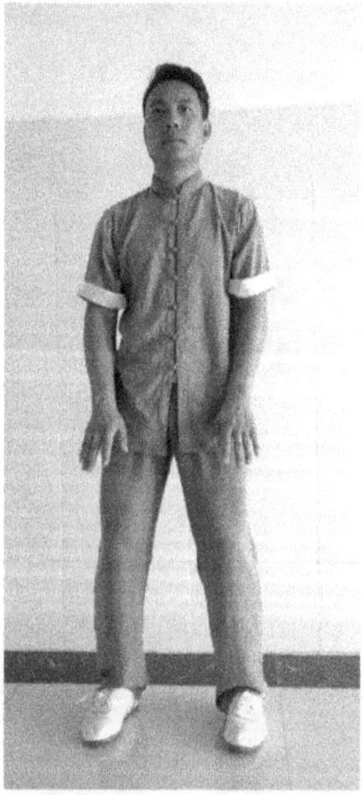

我们在练太极拳的时候，需要了解太极拳的历史渊源和它的来龙去脉。2008 年，河南省地方志办公室编纂的《中华通鉴·河南卷》，记载了明崇祯七年（1634 年），河内（博爱）唐村贡生李仲、李岩与温县陈家沟陈王廷姑表三兄弟，于千载寺拜师习拳练武，创太极拳、撰《太极养生功谱》，此为陈氏太极拳之始。所谓陈氏太极拳，是依据唐村千载寺无极养生功法为基础，共同研究创编的太极拳。无极者，是指练拳之前，无思无意，无形无相，无我无他，胸中一片混沌，一气浑沌，无所谓意向，称为无极。没有将太极拳列为比赛项目之前，太极拳没有起势，直接就是两脚与肩同宽地站着，后来有了比赛才从立正姿势开始，然后分腿。练无极桩，就是两脚与肩同宽，立身中正，屈膝，松胯，含胸拔背，虚领顶劲，这个外形就是一个无极桩的状态。

从正面看，两脚与肩同宽，然后脚尖朝前，目视前方，虚领顶劲时头部摆正，屈膝松胯，含胸塌腰。练无极功时，下颌微往后收，不要往后仰，头部放正，身体稍微地向后靠。一般人站的时候，身体会往前俯一点，我们练拳之人身体再向后一点，这个时候身法基本上就站正了，重心不能再往后，不然人站不稳。当然也不能往前使劲，那样身体不正。无极桩为什么叫无极功法？就是说人往那儿一站，外形不动，叫作静，外形是静的，静极生动。太极拳叫动静之机，阴阳之母，就是说外表静止不动，但是里边的气机在动。气机发动以后，清气上升，浊气下降，站到一定时间以后，清气上升，升到百会。所以站桩站了一定时间后，会产生一种神清目明、神清气爽的感觉，好像睡了一觉，非常舒服，这是我们站无极桩应达到的状态。站无极桩的价值应该是大家最为关注的，站桩到一定程度，手指发胀，气机运行，即清气上升，浊气下降。在人体内的气会分为阴阳两极，阳在上，阴在下，阴阳已经分开了。气机站足了以后，我们再开始练太极拳的动，叫作无极生太极，这才是真正地练拳。而不是说我们站在一个地方，直接就开始练套路。气没有达到充足之前就开始做肢体动作，会造成内气跟不上肢体变化，长时间练下去，对内气的培养和运行没有多大益处。反过来，我们先把无极桩站好，经过一段时间积累以后，往那儿一站，一分钟之内清气和浊气就能分开。然后开始做动作，以气催形。这个是太极拳真正核心的东西。

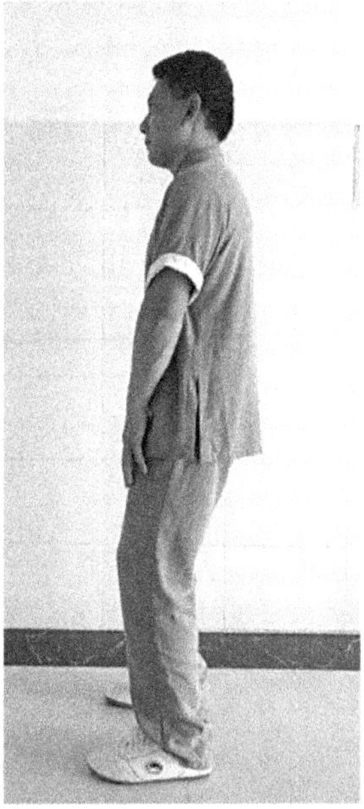

太极拳讲阴阳，动静是一种阴阳，刚柔是一种阴阳，开合也是一种阴阳，外形为阳，内在为阴。如果你在练习的时候，只有外在的运动，没有内气同步运行，那就达不到阴阳相济、阴阳相合的状态，练习的效果会打折扣。从现代医学理论上讲，站桩有利于我们的大脑清静，大脑会呈现一种放空的状态，闭上眼睛能有效地训练我们的肌肉和肌腱。就是说我们的肌腱和肌肉那些筋骨朝着一个方向用力，有利于结构力的形成，如果没有这个过程，就不利于我们身体结构力的形成。在运动的过程中，不管是腿部肌肉也好，还是肌腱也好，整个基本肌束是一致的，非常紧实，力量和弹性都非常好。如果没有这个时间锻炼的话，肌肉是松散的，没有方向性，它在运行的过程中，很难形成运动中的动力定型，这就导致好多人在练拳的时候控制不住自己的身体，就是因为他缺乏这样的训练。无极桩的要求，微微地屈膝，身体放正稍微落一下，胯稍微往下，这个时候精神上要放松，放松大脑的意识，平静，不要想呼吸，自然达到了身轻体松的状态。另外，站桩的时候，不要站死桩，也不要死站桩。练无极桩的目的就是放空我们的大脑，在这个状态下我们再开始练拳，就能达到事半功倍的效果。

无极桩的要领、功法和理法。

《无极养生拳论》：无极者，人未练之先，无思无意，无形无象，无我无他，胸中混混沌沌，一气浑沦，无所向意者也。世人不知有逆运之理，但斤斤于天地自然顺行之道，气拘物蔽，昏昧不明，以致体质虚弱，阳极必阴，阴极必亡，于此摄生之术，概乎未有谙也。惟三教融易，圣人独能参透逆运之术，揽阴阳、夺造化、转乾坤、扭气机、于后天中返先天，复出归元，保合太和，总不外乎后天五行八卦之天理矣！一气伸缩之道，所谓无极功能生一气者是也。吾练功，深感之无极养生功乃人之无意无形，联先天极妙之主体，冲和之本始，阴阳动静之初源也。万物之生，负阴抱阳，人之真元所从而来，灵明所从而抱，无极生太极矣！于此而与五行八卦元通，通则变，完全人身之阴阳而保此灵明者也，永人之天年，畅达人之血脉筋骨，欲从后天返先天而卫生之术，无极养生功者也。苟以异端目光远矣，无极养生功有百益而无一害，虽以之强吾民族也，谓世裔贤徒大功练而远矣，谨无极养生论焉。

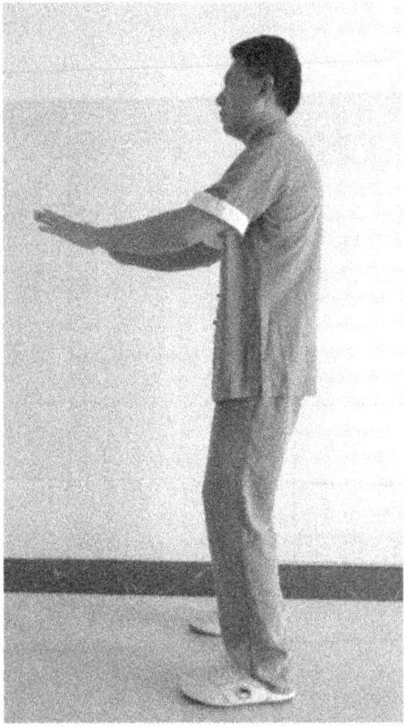

万物之生，就是负阴抱阳。中国的传统理论上讲，天为上、为阳、为空，地为下、为静、为重，人居于天地之间，半阴半阳。所以我们就是一个半阴半阳、阴阳平衡的整体，阳气在上，阴气在下。如果我们练拳的时候能够做到阳气向上升，阴气向下降，有一个循环，练拳对身体来说就是拳论所讲的阴阳元气通。这样才能把我们的身体练得更好。如果没有这个无极状态，一开始手就在那转不停，产生的内气并不理想。因为内气开始少的话，跟不上外在的运动，不能注意到以内气催外形，所以说就是外形一直跑，内气不停地撵，不停地追，不停地赶，这个状态效果是不理想的。练了很多年太极拳的人，虽然水平低的人的外在动作和高手们的外在动作没有多大区别，但是感觉就是不一样，不像高手打起来松松柔柔地内外相合、内外一致，水平低的打出来就是那种干巴巴的，里边没有东西，达不到一种平衡。太极的状态，就是顺着身体放松，站无极桩不要用劲，全部放松，把所有的气都沉到脚底，需要长时间站，才能达到这种状态，一时半会儿肯定掌握不好。站出来以后，通过长时间的积累，能找到太极拳中的一阴一阳在哪个位置，什么是阴，什么是阳，我们能找到两个胯关节具体的位置。如何运用这个胯关节来带动身体去练拳，需要长时间站才能体会到。

无极桩内在的要求：开始吸气的时候，气从后向上走，由内侧向上经过夹脊穴，一直到上面的大椎穴，再到头顶百会穴，然后向下过印堂，过人中，顺着任脉往下落到丹田休息，再往下走，走到脚底，这是一个过程。就是我们一吸，气从后边走，一呼，气从下面降，这就是一个循环。我们练的时候，千万不要刻意去追求这个，明白这么一个路线就行。

虚领顶劲，很多人一听虚领，就使劲地往上顶，前面讲过“顶”是一个名词，不是动词。头顶这个点，如果你没有虚领顶劲，在站桩的时候，头部往下稍微一落，练的时间长了以后，气血到你的大椎穴往上，它会堵到风池穴后脑这个位置。一开始会发沉，时间长了就发疼发胀。如果你会虚领顶劲的话，就会顺着这个头顶上去了，然后再落下。我在五年前练拳的时候，有一次就没有注意这个动作，头部两个位置就是气冲得难受。后来想想，估计虚领丢了，赶紧把它拎起来，拎起来5~10分钟之后，这个感觉就没有了。虚领顶劲，大家一定要明白它的重要性。尤其站无极桩的时候，刚开始因为大脑一片混乱，静不下来，我们可以闭上眼睛，然后想着吸气的时候，气从后面升起来，再往上走，一口气起不来可以换一口气，再让它起来，可以缓一口气，不要一吸，感觉没吸上来，一直憋着，这样会出问题。吸一口气感觉没上来，换一口气再吸，然后落下来也是一样。其实你什么都没做，但是有手指发热、手心发热的感觉。这个状态下，我们再开始练拳，就很容易找到一种拳感。我们练内家拳主要是通过内气滋养自己的筋骨，润滑关节，通过内气循环，气遍周身不稍滞，我们在运动过程中不容易受伤，并且运动效果非常好。如果我们达到这种状态的时候，就能很容易找到拳感，越练效果越好。

如果没有这个无极状态，直接开始练动作，韧带、肌肉不能达到与我们运动要求相匹配的程度，练习效果就会受到影响。在练习太极拳之前，一定要先把无极桩练好，然后再练太极拳的套路、动作，就可以起到很好的效果。

拳友问答

1. 怎样检查自己状态的好坏呢?

练拳的过程中，自己感觉到顺，练完之后感觉浑身舒爽，浑身通透，气血运行比较好，精神饱满。如果在练拳过程中，自己感觉哪个地方别扭、不舒服，就说明某些细节没有掌握准确，在运动中的损耗较大。在现代体育学中，有主动肌和被动肌之说，被动肌过于用力，主动肌在运动中就会有损耗。我们在练习的时候一定要放松，主动肌工作，被动肌休息。如果说你整个手臂绷得很紧，主动肌用劲，被动肌也用劲，打出的力量就成这样了，力出不去都在自己胳膊上绑着，这就是劲没有放出去。一拳出力很快，该用力的用力，不该用力的让它放松，这样效果才好。

你若紧张，则不利于气血的运行，所以说我们练拳讲究放松，就是对抗肌放松下来。

2. 站桩的时候，头不由自主地晃动，这个正常吗?

刚开始因为气往上走，头部不太适应。站桩的时候，你可以闭上眼睛，能够培养大脑对身体空间位置的感知。我们的头在什么位置，我们的肩在什么位置，我们的脚在什么位置，我们处于什么样的状态。

3. 太极拳收势怎么收?

以最后一个金刚捣碓为例，就是两手往外分，屈膝下蹲，两手手心向上，手指相对，然后两手向外分，向上翻转，手心向上，劳宫穴向上托天，就是说从地上吸气往上托，然后合到上面，两手相对，指尖相对。大家再想一下你的劳宫穴，对着你的百会穴，把两手收的气从百会穴上落下来，顺着自己的任脉往下落到丹田。一般收势 3~5 次都可以，这样吸气、合、往下落，想象把所有能量吸收到自己身上，收完以后，然后两脚站稳，保持 30 秒 ~1 分钟站姿，想着自己把这所有的能量都装进自己身体里。

4. 什么是裆走后弧?

这个不太好演示，前提是你的两个髋关节要练开，要有很大的活动空间，往右边转的时候，左边松胯，然后往前移、折叠；右边放松开了，转到左边。髋关节的活动到位以后，自然就转回来了，是顺势而为，不能强行。

5. 平时不打拳的时候，可以练无极桩吗?

可以简单练，练个5~10分钟。由于对你个人情况不太了解，不能做具体的指导。要是愿意学，可以根据你的身体素质、年龄特点做针对性的指导。

6. 站桩前后是否能吃东西?

一般情况下，我们练无极桩前，40分钟内不要吃东西，站后40分钟也不要吃东西。前后40分钟控制一下。找风景、空气都比较好的环境去站桩，不要在嘈杂的地方，那样会影响站桩效果。

7. 打拳时身体为何前倾?

身体前倾有很多原因，最主要的原因是大腿支撑能力不足，大腿少用很多劲；第二个原因可能是胯关节没有松开，站不直。

8. 如果我们要健身的话，可以练无极桩吗?

健身者练无极桩是最简单有效的办法。前提是你要做正确，我教学生标准的练法就是一次站一个小时。站完之后，脚底就像踩到棉花上、地毯上一样舒服，一般学生只练了一个多月就能达到这种效果。

为什么有的人练拳感觉非常好，非常轻松，有的人怎么练都感觉不舒服？这就是区别，这与基本功有关。

9. 无极桩两手需不需要掤?

这里给大家解释一下，我们讲的无极桩是真正的无极桩。拳友提问的这个应该叫混元桩，我个人认为如果没有练过拳或者没有很好内外协调的话，尽量站无极桩。

10. 重心怎样才能下沉到脚底，脚下生根？

只有一个字：练。怎么练？就是在动作规范、达标的情况下，长时间坚持，是一种自然形成的结果，不是一种方法。点滴积累，时间长了，你就会感到脚下稳如泰山，头上轻盈，上轻下重的感觉就有了。

11. 混元桩与无极桩有什么区别？

练混元桩是体会内气的感觉，就是说练出内气以后，这种站法可以把内气站得更足一点。站无极桩主要是为了无极生太极，练放松的。外面不动，是静止的，内气已动，这叫无极生太极。清气上升，浊气下降，一升一降生太极。

12. 无极桩的要点是什么？

精神放松，意识平静，呼吸自然，不要猛呼猛吸，要匀、要深、要细。自己慢慢地揣摩，下功夫练。

第九课　什么是真正的缠丝劲

作为陈氏太极拳习练者或者了解过陈氏太极拳的人，对缠丝劲都不陌生。

陈鑫前辈所著《陈氏太极拳图说》有语："缠丝者，运中气之法门也，不明此即不明拳。"说明缠丝劲由人体的中气运行，形成了一种劲道，由中气而发，在没有中气配合的情况下，不能为缠丝劲。中气和自己身体上的力量相结合，才称为缠丝劲。拳谱中这样说："缠丝劲，发源于肾，处处皆有，无时不然，行于四体之内，浸润于百骸之中，达四梢通九窍，长内劲无穷，使内劲收敛入骨。气血流通，消化饮食，去病延年，皆缠丝劲之效力也。"那么，练缠丝劲对练太极拳到底有什么重要意义呢？

首先，在练陈氏太极拳的时候，要求虚领顶劲，立身中正，松肩沉肘，含胸塌腰，心气下降，呼吸自然，松胯屈膝，裆劲开圆，虚实分明，上下相随，刚柔相济，快慢相间。外形走弧线，内径走螺旋，以身领手，以腰为轴，缠绕圆转。整套拳在练习过程中，没有直线，没有平面，没有断续，没有抽扯，没有提拔，浑然一圆方为合格。这是练太极拳的要求，是达到一定层次以后，陈氏太极拳的一种状态。刚开始练拳，这些要领不可能一下子全部做到，需要一点一点、一节一节地做，做完一项，再做下一项，一项一项地去做。

一开始就要求自己全部达到缠丝劲

要求的状态是不现实的。首先，这几项前提条件全部具备了以后，通过一定方法的练习，这种状态能够出来。但如果这些前提没有具备，你去追求缠丝劲，那就越绕越远。大家要明白，在这些规矩的指导下，通过旋踝转膝，旋胯转腰，旋腕转肩，以及胸腰折叠运化的引导，形成了其根在足，行于腿，主宰于腰，贯穿于手指的空间的曲线。经过长年练习，逐渐产生了一种似柔非柔，似刚非刚，极沉重而又极灵活善变的内劲，如棉花裹铁，外柔内刚，这种内劲就叫缠丝劲。只有练出了缠丝劲，才可称为掌握了拳的精髓，这是前辈们对缠丝劲的一个简单的指导和概括。缠丝劲的重要性还体现在它是击技爆发力的基础。身躯和四肢的缠法，可以使内气的收放和运转畅通无阻。利用旋转促进了身体内气的运行，可以使全身的劲力以腰肌为主，节节贯穿，达于手足。关键可以使关节运动幅度增大，灵活性提高，稳定性加强，可以使全身肌肉一部分松弛，一部分紧缩，有效增强肌肉的伸缩功能。把这个延伸性拉出来以后，内气可以畅通无阻。

缠丝劲来源于我们的生活，只不过前辈们经过长年的练习把它提炼和总结了出来，用来指导后来的学拳人，为大家提供一个理论的依据和指导。现实生活中有不少这样的例子，在墙上打洞的时候用到钻头，钻头就是一种缠丝劲。螺旋的时候，有一股往前的力量，如果只有旋转，不往前走，这个洞是打不进去的。所以在旋转的过程中，还有一个向里面的劲，这个劲就叫缠丝劲。想象一下，如果钻头只是原地旋转，转出来的就是一个坑，只有往里边钻才能形成洞。这就是说，旋转是缠丝劲运行的规律。钻头一边是鼓起来的棱，一边是凹槽，相互缠绕，一进一出，为什么要这样设计呢？试想一下，如果钻的是木头，它的木屑需要往外飞，钻头往前面钻的时候，阳面往里面进，阴面就通过凹槽把这些碎木屑推出来，要不然是钻不进去的。可以说，进去的为阳，往外出去的为阴，有进有出，才是真正的太极拳。我们的手在往前转的时候，一部分肌肉是紧的，它是往前走的，另一部分是松的。再比如，我们在洗脸的时候拧毛巾，这也是缠丝劲的原理。当我们右手往右边拧，左手必须反方向，这个时候毛巾越拧越紧，我们能感受到一种力量，同时毛巾里面的水会被挤出来。如果用一只手拧毛巾，那要多拧好几圈才能把毛巾拧紧。如果用两手同时拧的话，就会节省时间。所以缠丝劲最主要的是要有顺还要有逆，一顺一逆才为缠丝。

缠丝劲健身的效果，是通过这种缠绕的方式，加速气血的运行，加速身体各部位循环的速度和节奏。山路一般都是盘旋而上的，一圈圈往上爬，为什么不直着修？难度太大，通过螺旋的方式，省力，效率高，并且能持久。

螺旋的原理非常好，若运动时手臂直接挤压，不和顺也会出现受伤的状况。所以通过符合人体骨节规律的旋转，促进血液的运行和气血的流通。缠丝劲有顺缠、逆缠两种。练拳的过程中有几种运动形式，两只手可以都往里面旋的，叫顺缠。我们练斜行上步时，双手相合为收，两手抱球往下收，外推的时候，是双逆缠。拳论上讲，小拇指领劲往里边旋转，叫顺缠；大拇指领劲，叫逆缠。原地的状态下，两只手平放胸前，立起来，手往里边旋转是顺缠，相反的话则是逆缠。这是只在手臂上的一种运动形式，表现为手的自转。在运行的过程中，还要加上公转这个应用形式，它也叫公转，自转与公转在拳架中有具体体现。云手有一半是逆缠，两个手都是往外的时候，叫逆缠。向下落合的时候是顺缠。撇身

拳动作，顺逆各占一半，因为它是一个圆圈，就是我们拳论上讲的阴阳的配合。

缠丝劲在手上的动作：当我们手往里边合，肘随着转，肩也要随着转。手腕转的时候，肘是往里面合的，它是一个弧形。肘关节可以转，但是膝关节就不能转。膝关节只能通过脚踝和髋关节——股骨头的大转子往里面转，只是转的一个形式，它本身不转。膝关节开的时候，脚尖开，踝关节也开。膝关节往外开往外转，胯关节大转子也要往外翻，脚和大转子若固定不动，膝关节就很难做活动。如果不遵守这个规矩，膝关节会受伤。膝关节也有缠丝劲，但前提是髋关节必须得有足够的空间和运动量，它才能避免膝关节被迫旋转。转的时候，摆扣脚尖，髋关节力量大，膝关节力量小，如果髋关节没有运动空间的话，只转膝关节，脚尖摆来摆去，膝关节力量转不过大腿，无形之中把力量压到膝关节上。如果髋关节灵活的话，膝关节不受力量，想怎么摆就怎么摆。所以膝关节受伤的人，多数是髋关节灵活度不够。

缠丝劲如何从脚底达到我们的手上？古人说，太极拳，缠法也。浑身就是缠劲，里缠外缠，皆是随动而发，各因其势，以自然者运行。其劲皆发于心，内入于骨缝，外达于肌肤，是一股劲而非几股劲。气发之于心者，得其中正即为中气。陈鑫老先生说，缠丝者，运中气之法门也，不明此，即不明拳。发自于心，得其中正。如果不是发之于心，立身中正，这个缠丝劲就是失败的。练拳时双手的缠丝运动，在手上的表现为手掌的正、反转换，由手心向内、向外翻转，实质上就是手臂的旋腕、转肩，表现在上肢，就是手的旋转轻松灵活，表现在下肢就是旋踝、转腿，由脚踝到膝关节到髋关节。还有第三个方面，这是关键的一点，表现在身躯躯干上面，就是旋腰转背，三者结合起来，有手有腿有腰，形成一条根在脚，主宰于腰，而行于手指的空间螺旋弧线。空间螺旋，它是立体的，有腿上，有手上，有身上，都是一体的节节的旋转，这就是我们追求的缠丝劲。

太极拳缠丝劲没有找到劲路的原因如下：手臂、肘、肩这些关节，必须全部松开、松透。膝关节、踝关节、髋关节（简称大转子），这些运动的模式必须达标，也就是之前说的节节分开、节节拉开。节节拉开之后，才能解决节节贯穿。但是现在 70% 以上的练拳人达不到以上标准。只有前提条件全部具备了之后，通过套路拳架的练习，缠丝劲慢慢地、一丝一丝地往上加才能练出来。缠丝劲的要求是起于脚，达于腿，行于手指。如果髋关节没有拉开，力度不顺，半截子劲，手是手，腿是腿，腰是腰，这种状态下是断劲的，达不到贯穿目标。如果分开了以后有贯穿的感觉，这就是贯穿太极拳的缠丝劲。

现在大部分学拳的人都会练缠丝功。2015 年我在学校就已经把基本功全部给学生教了一遍。我搞了个原地缠丝功练法：一个动作八拍，接着两个八拍，小学生每天练。在河南省举办的中小学大课间活动评比中，我们学校获省级一等奖。主要是简单的基本功练习，还有一个基础功法，全校两千多人，气势磅礴，动作规整，让人眼前一亮。这里主要是想告诉大家，六年级以下的学生，年龄小，骨骼全都是开的，他们练出来的是真正的缠丝功，你能看得见他手上的缠丝劲，非常漂亮。但是我们成年人的髋关节，它的力量传递不过来，胯不开，无法转换，劲到那里就断掉了，所以练拳如修路，把各个关卡全部打通以后，劲自然就顺了。打个比喻，我们练习太极拳，其实就是在修理我们体内的高速公路。现在人走高速的原因有以下几点：第一，高速畅通无堵，单向行驶。第二，它是全封闭的，不用担心中间有岔道口，有关卡，只要不是到出口、入口，就可以一直跑。练习太极拳的过程中，要把各个路线都“修理”好，关卡全部打通，跟高速路一样，能跑多快跑多快。一代宗师郑悟清老前辈说过：以形顺气，以气催形，形正气顺。所以练拳之初，把形放到重要的位置，把方位都给摆正。形正则气自通，气通则力自重，是相辅相成的。这些“关卡”全部打通以后，才能达到以气正形的目的。你的内气全部通了以后，能达到以气正形的境界。身体上感觉气过不去，会难受，就得把它纠正一下，这时候你就能达到自我修正。一开始都是以形顺气，通过外形引导内气。

拳友问答

1. 侧面缠丝手转到什么位置？

髋关节和腰部同时旋转就是一个 45 °。

2. 真松和真紧的关系？

真松是紧中松，真紧是松中紧。

3. 练缠丝劲脚动吗？

如果练大架的，要摆脚；练小架的，胯是开的，可以不动脚。

4. 平步云手裆走后弧吗？

是的。

5. 能否用一个单式讲一下用意不用力？

用意不用力的前提是刚刚讲过的人体的高速公路打通了以后，达到那个状态，你才能达到用意不用力的境界。如果没有那个程度，你想用意不用力，那也是不行的。习练太极拳，一年级、二年级、三年级，一个层次有一个层次的内容，不能跨年级去学，咱们得一点一滴地学，不然跨年级练容易出偏差。

第十课 太极拳与呼吸的关系

先了解一下太极拳产生的背景。太极拳的产生，源于古代道家的导引吐纳，这是太极拳的前提、雏形，是太极拳产生的依据和基础。吐纳，属于道家文化；导引，属于健身范畴。长沙马王堆出土的两千多年前的文物，就出现了八段锦，它是一种引导锻炼身体的方式，配合呼吸的运动，太极拳就是在这个基础上创新发展而成的。说到这里，我们就不得不说到一个叫作“行气玉佩铭”的口诀，这是我搜集的一个跟呼吸有关的口诀。这种玉器很小，有 12 个面，是圆柱形的，每个面都刻有字，是战国时期复杂的古代文字，是形成于两千多年前较早的健身文献。

文字的内容就是行气，也就是说我们的呼吸也算是一种内气。按当时的背景，应该是一种气息。内气的运行就是行气，深则蓄，蓄就是储蓄能量。第一个“深”是深浅的深，行气深则蓄，蓄则伸，伸则下，就是向下伸，呼吸向下伸。下则定，定则固，固是稳固的意思，固则萌，是萌发的意思。萌则长，长是向上长。长则退，退则天。天几春在上，地几春在下。顺则生，逆则死。就是说我们呼吸顺应呼吸的规则，可以延长我们的生命，如果逆反了，就会缩减生命。这是深呼吸的一个回合，吸气深入的多气量，使它往下延伸。往下延伸，则定而固，这是吸的过程。我们需要呼吸，有吸当然会有呼，如草木之萌芽，往上长，与吸的时候的路径是相反的，然后退到绝顶，就退到上面，深吸的时候需要往上，呼的时候往下，这是一个呼吸的回合。这样是天机往上动，地气往下动。

在练拳的过程中，有几个非常严重的问题。第一个问题就是初练拳的人喜欢读一些拳论方面的文章和看一些视频，但自身并没有这

个分辨能力，直接把要求往自己身上套。有的人太极拳的动作已配合呼吸了，为何还出现问题？太极拳与呼吸配合的原则是：开的时候呼气，合的时候吸气。这有个问题，在练习的过程中，动作、呼吸在初级阶段是配不上节奏的，初级阶段水平有限。我在几年前也出现过类似错误。我看有人说开呼合吸，我就学着做，最典型的动作就是单鞭，我拉的时候动作慢，气一下就呼完了，没办法吸气。这时候勉强自己的动作和呼吸配套的话，大脑就容易出现缺氧的状况。还有一个动作是吸，这个动作没做完，肚子就已经吸满了气，这时候就成为一种憋气。这两者都是所有练拳人会犯的错误。这样的练法不对，必须停下来，改了再练就不会出现这种问题了。

下面讲讲横气填胸情况：

第一，初级练拳的人出现横气填胸，为什么会出现这种情况？比如，你到一个陌生的地方去，你不知路况，是不是要向别人打听一下路应该怎么走？在前进的过程中，你肯定要操心的，你的精神是紧张的。这时候你聚精会神，这跟我们练拳是一个道理。我们多数练拳人

出现横气填胸的原因，就是我们的大脑牵挂的东西太多了！我这个手走的时候是不是圆的？我的手伸出去是不是到位？我的脚是不是到位？我的腿是不是到位？现在这种快餐化的教学模式，今天学一个动作，练了40分钟，明天再学一个，后天再学一个，一周下来能学很多动作。但大脑没有功夫消化和吸收，所以他不可能放松。进而导致气息往上提，都提到胸部了，很多拳友练完拳，气息紧张，一直喘气。有的人打嗝，有的人胸闷，这都是呼吸不正常造成的。这时候需要我们把执念放下，把心劲放下。我计划用一种传统的、最原始的教学方法，教陈小旺老师的十九式，一周只教一个动作，一周学员练一个动作，每一次练上40分钟，练完后，再去找那种放松的感觉。

第二，在练习的过程中缺少基本功的练习。腿部力量支撑不足。做动作时全身都会紧张，全身一紧张，气上浮。如果腿部支撑力足的话，做动作是非常轻松的。

第三，如果腿部力量不足，就要把周身的力量调动起来，才能把这个动作完成，这样一来，浑身紧张，气息就受到影响。有的动作我们可以非常轻松完成，比如，我们拿双筷子夹一粒花生米，拿起筷子就能把它夹起来，这时候我们是放松的，不管是大脑还是手。但是如果我们要抬一个家具，是不是要用我们全身的力量呢？需要把全身心的力量提起来，然后才能完成这个动作，这时候我们是紧张的。如果你抬着重物走路，不久会气喘吁吁。为什么呢？身体在这种状态下需氧量增加，浑身紧张，达不到深长的呼吸。就像跑 100 米和 5000 米，呼吸状态是不一样的。短跑不会呼吸那么深，是短促的呼吸，它需氧量多，但是跑 5000 米呼吸就深长了，几步一呼几步一吸，是有规则的，呼吸和运动是要配套的。练太极拳需要经过相当长一段时间的修炼才能保证呼吸与动作协调。

需要注意的是我们在追求呼吸的状态时，大的原则是开的时候呼气，如果一个动作没做完，就呼完了怎么办？调整一下，吸一口气再往外呼，这时候我们的呼吸才能与我们所做的动作基本上配套。我们练拳，第一个阶段，先把动作比划到位，没有很别扭的感觉。拳论讲力顺则气自通，形正则气自顺。只有把外在动作摆正了，这个气自然就通了。把我们的基本功练扎实，肩、胯、肘、膝、腕、踝关节，把它们都练活了，没有过多的僵力，这是前提。比如，放松的状态下，把手抬起来，轻轻就可以抬起，如果不放松，抬起手就要用力，这种情况就是放松与不放松、用力与不用力的区别。我们只有把动作放松以后，动作才能自然，动作自然了，我们才能呼吸自然，这是一环扣一环、一级一级往上走的过程。练拳初期，只有在动作放松以后，我们才能做到自然呼吸。如果做不到周身放松，自然呼吸是不可能的。

拳友问答

1. 每次站桩是自然呼吸吗？感觉胸口好闷。

感觉到胸口好闷，应该站的是混元桩。站这个混元桩，提心劲，提气在胸部。如果站无极桩，就不会出现这个现象。站无极桩就是让大家放松。

2. 意到气到是不是都要呼吸？

它跟呼气、吸气关系不大，吸的时候，意到，气一定会到。

呼的时候，比如，在练习过程中需要捋，肯定是吸气的。你意念一到那去，气肯定到，意到气肯定到。心为令，气为旗，心也称为心意。内三合就是心与意合，意与气合。外三合就是肩与胯合，肘与膝合，手与脚合。

3. 懒扎衣怎么呼吸？

金刚捣碓转懒扎衣，转是吸，开是呼，提脚是吸，呼开步，转身呼，落是呼。呼气、吸气中间可以调整，这样才能做到更多的自然的呼吸。

4. 行拳时意念怎么走？

意念在练拳的初级阶段不强求，把动作按要求做到位，自然放松就行，当你的呼吸与动作配合并配套，全身放松，无思无虑，就行了。

5. 什么叫合？

合，有几个层次，初级阶段的手脚、肩胯、肘膝，上下相照，这是外在的合；内在的合是呼吸和气力全部到位，内外合一。所以有好几种层次，初级的和高级的。只有先做到初级的，也就是说外合做好了，内才能有合，外合做不好，内合就不要谈了。如果做到了内外合一，外面不动，里边合好了，别人看不出来，那就是高层次练法。

太极拳

动作练习

第十一课　核心专项基本功法练习

单个基本动作可以单独抽取个别动作练习，也可以整套练习。最好练够三个月再开始练习套路，可以有效避免在练习太极拳的过程中出现的问题（比如，腿部支撑力量不足，肩部紧张，动作不流畅，横气填胸等一系列的问题），可以快速进入练好太极拳的状态，达到更好的健身效果。练好之后还可以缓解肩周炎、颈肩痛等问题。

第一式　腿部练习

1. 左右正压腿

要求在简单热身之后练习，就是慢跑 5~10 分钟，或者把关节简单活动一下。

立正姿势，左脚向正前方开一大步，脚跟先着地，依次全脚掌。刚开始的时候，步子大小为 50 厘米，两脚的距离定为 50 厘米，然后左腿膝关节弯曲（后期可以根据自己的身体机能，逐渐加大两脚之间的距离）。膝关节垂直左脚面，右腿蹬直，两手重叠放在左腿上，上身保持正直，腰立起来，两手压在腿上，上下依次向下震压。一拍一次，一共四个八拍，也可以练习侧压腿。

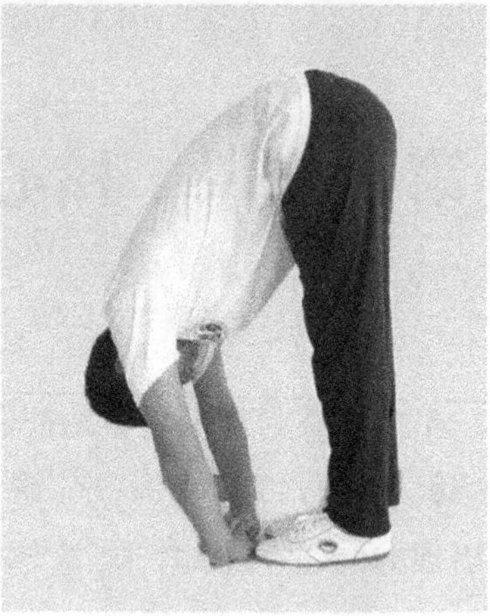

2. 踢腿

立正姿势，踢右腿的时候左脚向前迈半步，然后右脚用力向上踢，上身尽量保持正直，根据自己的情况能踢多高就踢多高，尽量向上踢。两手上举，由上向下相合。每只脚踢 8 次以后，换另一只脚，一共四个八拍。左腿动作与右腿动作相同，方向相反。每个人练习的时候根据自己身体的具体情况进行练习，不可操之过急，要量力而行，以免拉伤肌肉，影响生活。

第二式　肩部练习

1. 伸臂压肩

在与自己腰部同高的横杠前，两脚开立，略宽于肩，两手搭在横杠上，两手臂与躯干保持一致，在一条直线上，肩部松开，向下压肩。要求下肢腿部保持垂直，不可前倾，不可后仰。一拍一次，一共四个八拍。

如果没有条件找到相应器械，可以两个人一起相互搭在对方的肩部练习这个动作，两个人需要调整到合适的距离进行练习，一样会达到良好的效果。

2. 伸臂拉肩

两手臂在与自己肩部同高位置向两侧伸开，手心向下，两脚开立，略宽于肩，两手臂与躯干保持一致，在一个平面上，肩部松开，向外拉肩。不可用力过大，缓慢伸开即可。要求下肢腿部保持直立，不可前倾，不可后倒。一拍一次，一共两个八拍。

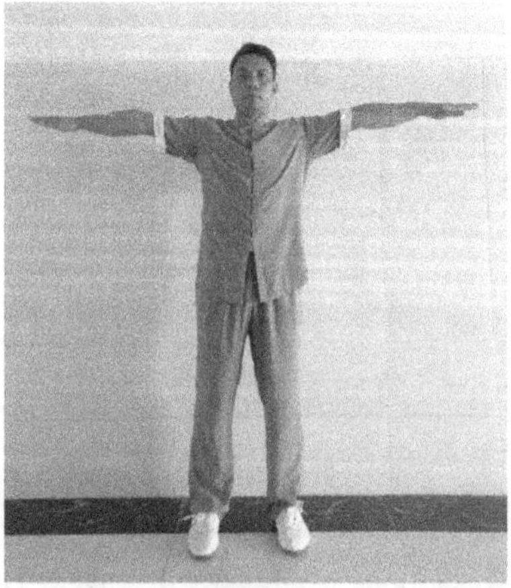

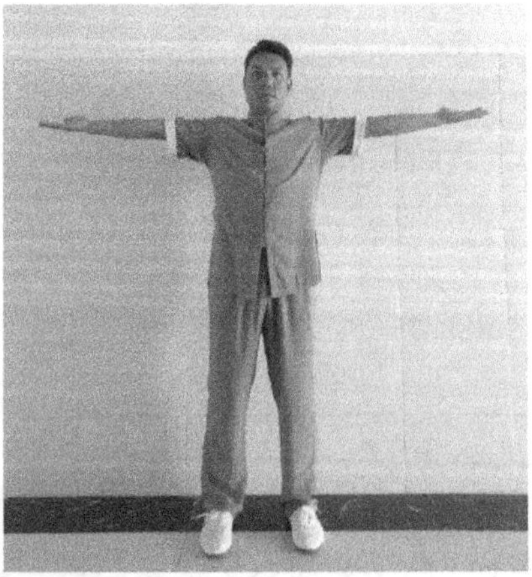

3. 伸臂旋转拉肩

两手臂在与自己肩部同高位置向两侧伸开，手心向上，两脚开立，略宽于肩，两手臂与躯干保持一致，在一个平面上，肩部松开，旋转向外拉肩。不可用力过大，缓慢伸开即可。要求下肢腿部保持直立，不可前倾，不可后倒。一拍上下旋转一次，手心向下旋转为手心向上。下一拍动作反过来做，一共两个八拍。自然呼吸，不可憋气。

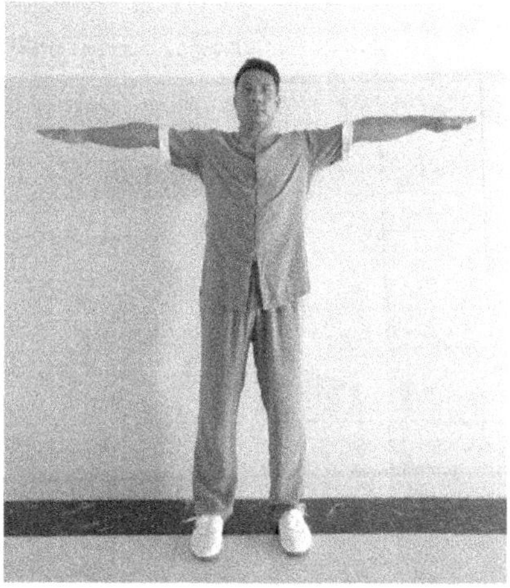
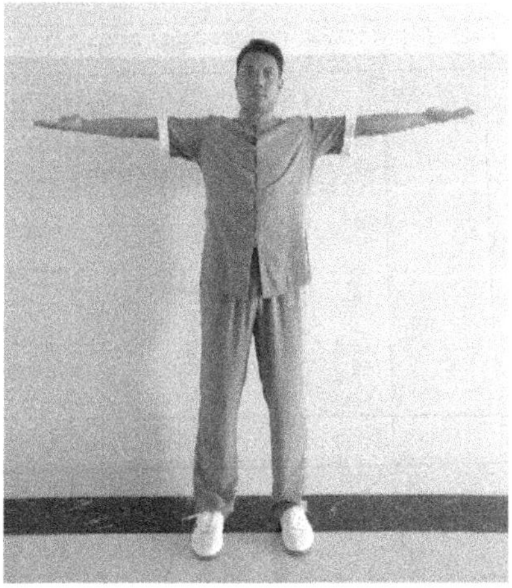

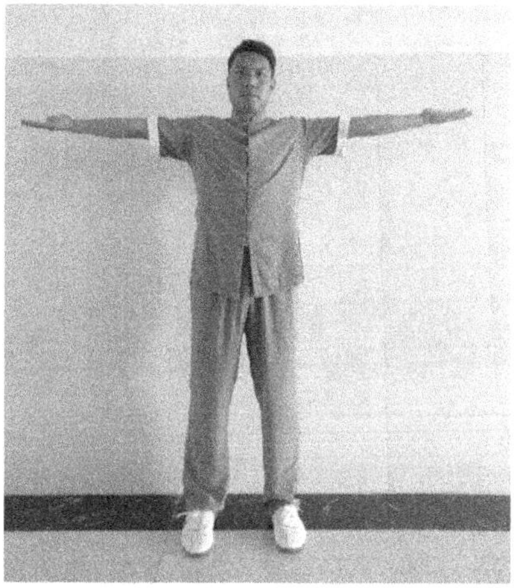
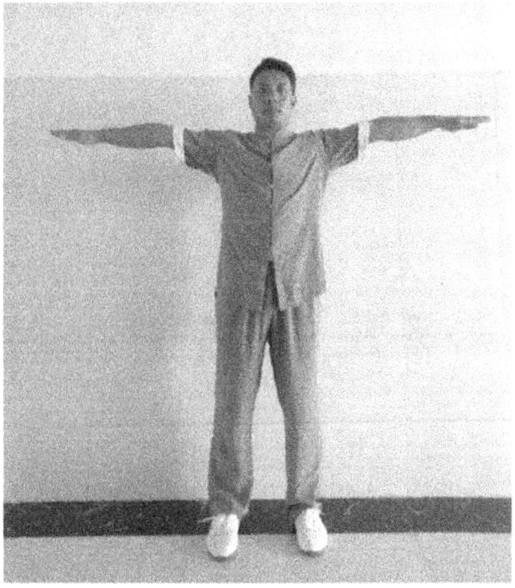

第三式　两侧伸展

1. 伸臂上举

两手臂在与自己肩部同宽位置向上伸开，手心相对，两脚开立，略宽于肩，两手臂与躯干保持一致，在同一平面上，肩部松开，向上拉肩。不可用力过大，缓慢伸开即可。要求腿部保持直立，不可前倾，不可后倒。一拍向上伸展一次，一共四个八拍。呼吸自然，不可憋气。

2. 双手托天

两手十指交叉，在与自己肩部同宽位置向上伸开，手心向上，两脚开立，略宽于肩，两手臂与躯干保持一致，在一个平面上，肩部松开，向上拉肩。不可用力过大，缓慢伸开即可。要求腿部保持直立，不可前倾，不可后倒。一拍向上伸展一次，一共四个八拍。呼吸自然，不可憋气。

 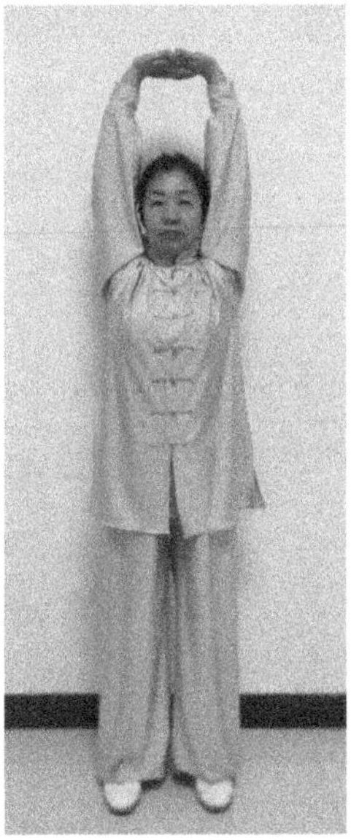

第四式　金鸡独立

1. 左金鸡独立

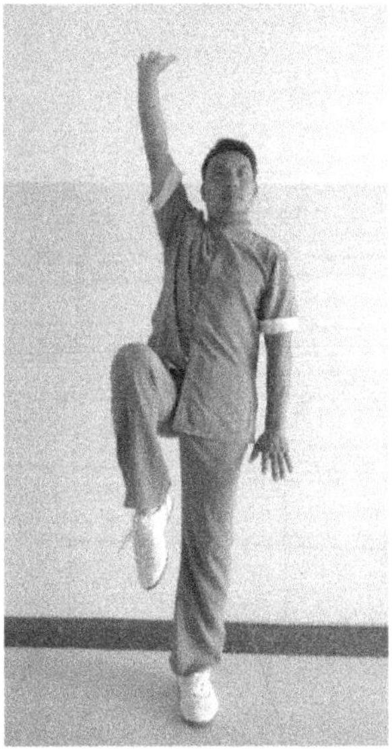

重心全部移于左腿，身微左合，左腿直立，左膝微屈。右掌掌心向上，屈肘内旋向上托，置于头部右前方，左手逆缠下按；右腿屈膝上提，右脚面绷平，脚尖朝下，右掌向右上、左掌向左下逆缠展开，呈左式金鸡独立。此动作做 2 个八拍的时间，动作不变。在做独立式时，须“沉肩坠肘”“气沉丹田”；要“肘与膝合”，即肘与膝上下垂直，向前的方向要一致。独立的一腿直立时不要用力挺直。独立提膝时，托掌与提膝要同时进行，并且右掌边托边内旋，肘膝相对，虚领顶劲，立腰，身体中正，右掌上托，左掌下按两掌劲上下对称，保持重心稳定。自然呼吸，不可努气。

2. 右金鸡独立

重心全部移至右腿，右腿直立，右膝微屈。左掌掌心向上，屈肘内旋向上托举，置于头部左前方，同时右掌自右前而下，右手逆缠下按；左腿屈膝上提，左脚面绷平，脚尖朝下，左掌向左上、右掌向右下逆缠展开，呈右金鸡独立。此动作做2个八拍的时间，动作不变。在做独立式时，需要上下对拉，须“沉肩坠肘”“虚领顶劲”“气沉丹田”；要“肘与膝合”，即肘与膝上下垂直，向前的方向要一致。独立的一腿直立时不要用力挺直。独立提膝时，托掌与提膝要同时进行，并且左掌边托边内旋，肘膝相对，虚领顶劲，立腰，身体中正，左掌上托，右掌下按，两掌劲上下对称，保持重心稳定。

第五式　起势动作

1. 起势

起势必有势，有起无势只能叫开始或起式。行功打拳，起式只是拳的第一个动作，表示演拳开始，通常和预备式连在一起。拳无势犹如人无魂，因此起势非常重要。拳理、拳法、拳论都能在起势中体现，管中窥豹，可见一斑。老前辈说行家一伸手就知有没有，这一伸手就是起势。

身体自然直立，两脚开立，与肩同宽，脚尖向前。两臂下垂，眼向前看。

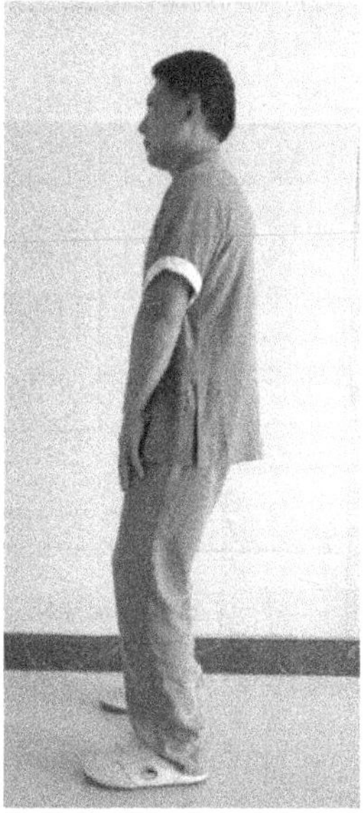

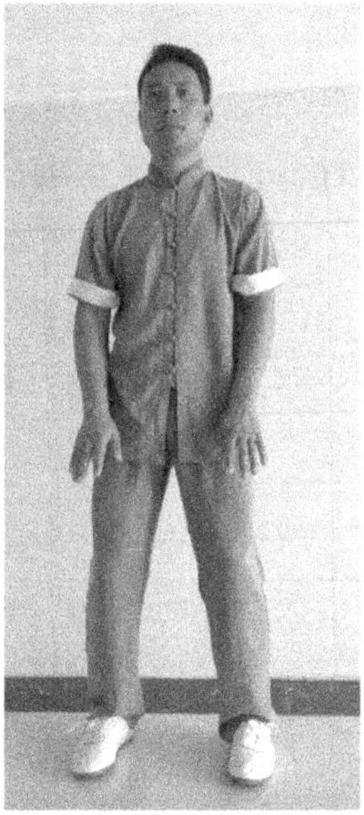

2. 自然站立

上领下踩自然立，含胸拔背垂双臂。

松腰落胯臀微泛，内守丹田外安逸。

自然站立，身法要求跟无极桩的要求一样，静站几分钟，让自己进入静的状态。

将自己置身于天地之间，脚踏大地，头顶青天，有一种充塞天地之感。总结要点：关键是天地人合，从大地获得能量，先是意动继而气动然后形动，意气劲一气呵成，中间不能停止。要想做好起势，必须从站桩开始，无极桩是首选。

练拳前，一般都要先站无极桩，且多以单式练习为主，故而以开步站立为主。起势中的站立，是介于无极与太极之间的一个动作，虽然没有外在的开合表现，却已经有了意念活动，所以我们要做到外在动作为辅、意念引导为主。

百会虚领，松肩沉肘，松腰落胯，命门要撑，来脉要虚，踝部放松，脚掌平踏，十指松趴，涌泉虚空。

3. 屈膝撑按

这是抬臂之前的一个预备工作，符合欲上先下的拳理。根据个人的认知和习惯，动作幅度大小可自行掌控。

开步站立后，下一式就是双臂向上掤抬，如果直接抬臂就会出现直线。手找脚合，从脚底向前向上画一弧线，练时画自己，用时画别人。在抬臂之前，心气下沉，四肢内卷外裹，手掌有向下、向左右的撑按之意，拇指领劲双臂逆缠。此时命门外撑，丹田内收，臀部微泛，四肢形成向内的缠丝劲。此式为呼气，前合后开，腹股沟内收，臀部打开。

站好后，身形进入气功态。此时应全身放松，两手自然下垂，五指松胀，手接天线。此时两臂感到粗胀，汗毛触觉灵敏，如此调意、调身、调息，一切俱备，就可以做起势动作了。

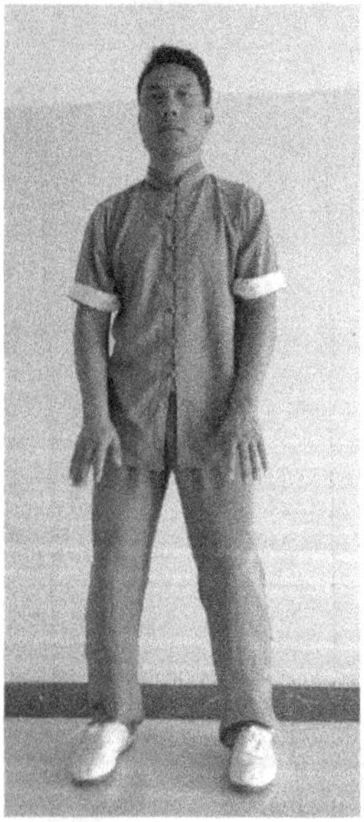

4. 双臂上掤

在屈膝撑按的基础上，内气继续下沉到双脚涌泉穴，顺势蹬踩，力向上传，双手拇指领劲向上逆缠掤起。双臂向上掤起时，要有旋转之形和意，避免双臂走由下至上的直线运动。脚向下踩，劲向上传导，向上掤劲不能起身，向下踩劲不能下蹲，要体现松沉劲。腰部以丹田为核心，上下分开，形成手向上的掤劲和脚向下的踩劲这两种劲力的对拉拔长。此式为吸气，松腰落胯。丹田内收是一个能量汇聚的过程，百会、劳宫、涌泉穴要有向丹田聚拢的意识和虚空的感觉，术语中称为“五心朝元”。要把向外的膨胀力和向内的收缩力结合在一起，使阴阳两种力能够和谐运用，实现意、气、力的内三合。两手向上抬起，配以深长细缓的吸气，双手缓慢向上平举，两臂距离略宽于肩，双手提抬至与肩同高。

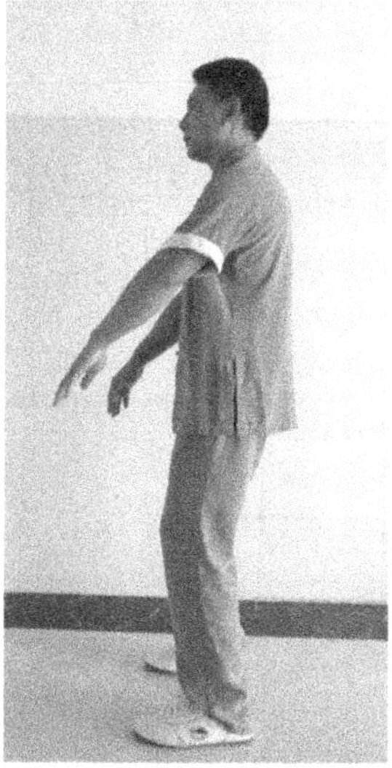

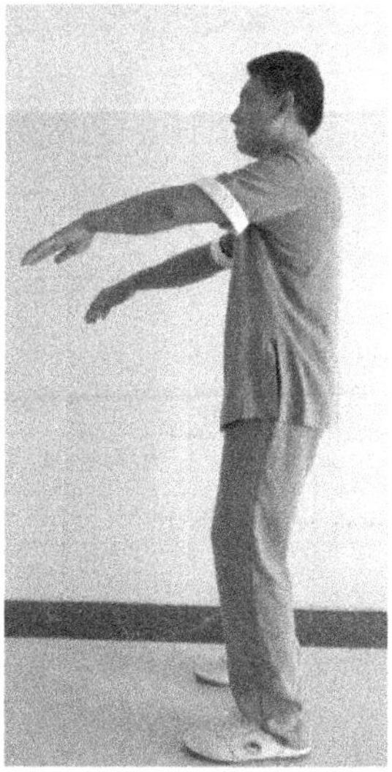

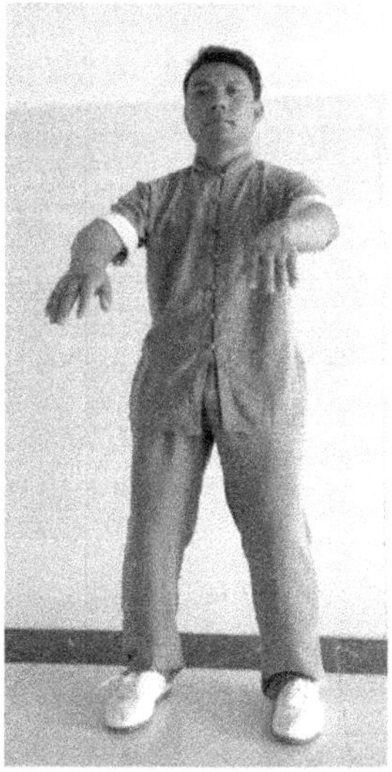

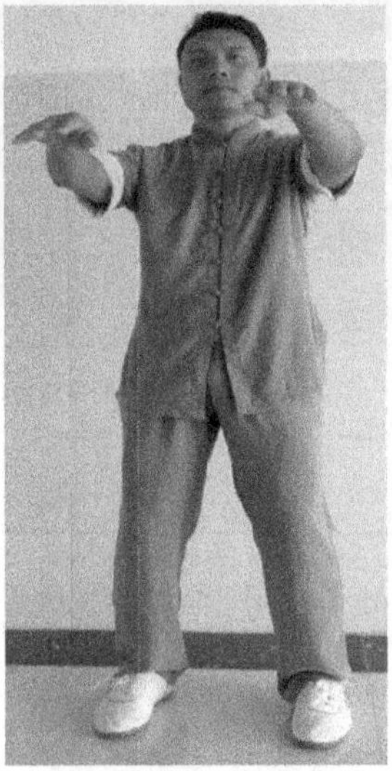
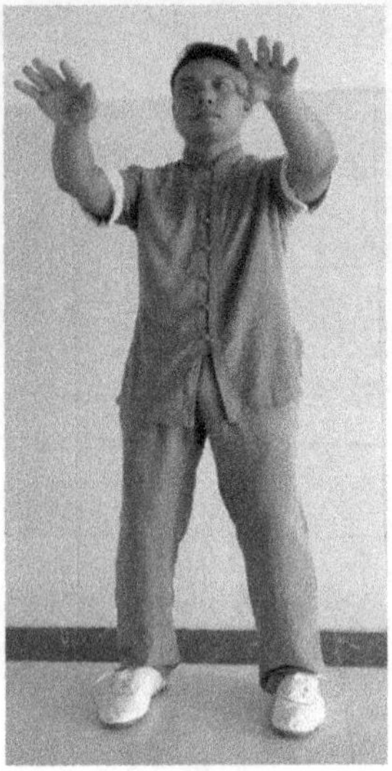

5. 屈膝落掌

当双手旋掤到与肩同高时，手心向下，上体保持正直，两腿屈膝下蹲，两掌轻轻坐腕下按，缓慢呼气，两臂向前平举，太极拳的预备势就是“守之以静，以静待动”。两手两臂似有气球轻轻顶着，下压过程感到异常舒适惬意。弹性细丝向上顶，两手往下按。到达力点，如果此时发力，丹田是外放的，不发力的情况下，吸气要圆满。重心下落时，双臂随势旋落，小指领劲，走的是顺缠。下落至丹田上方时，略向左右撑按，四肢内撑外裹，双手要有合住丹田之意。此时呼气，为前合后开，松腰落胯。丹田外放是一个能量释放的过程，丹田之气向周身扩散传导，百会、劳宫、涌泉穴要有充盈的意识和感觉。也要把向外的膨胀力和向内的收缩力结合在一起，使阴阳两种力能够和谐运用，实现意、气、力的内三合。

此动作做 4 个八拍，反复连续做，要求动作缓慢、轻柔。

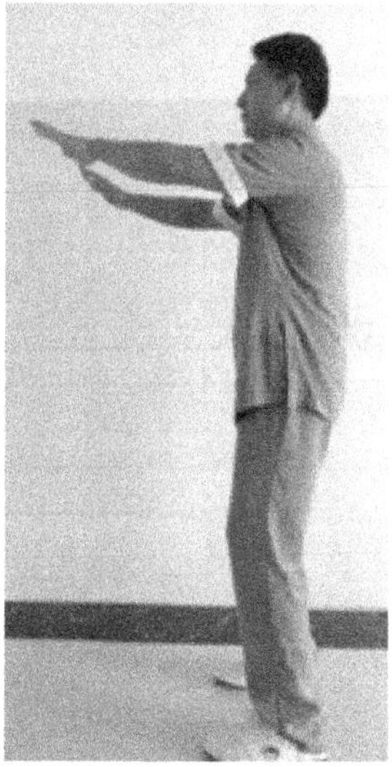

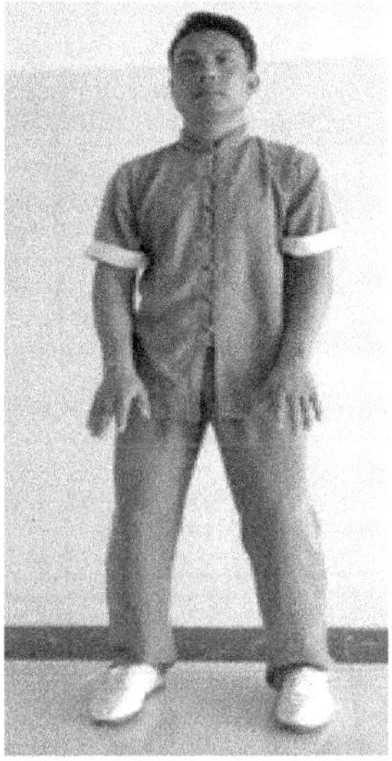

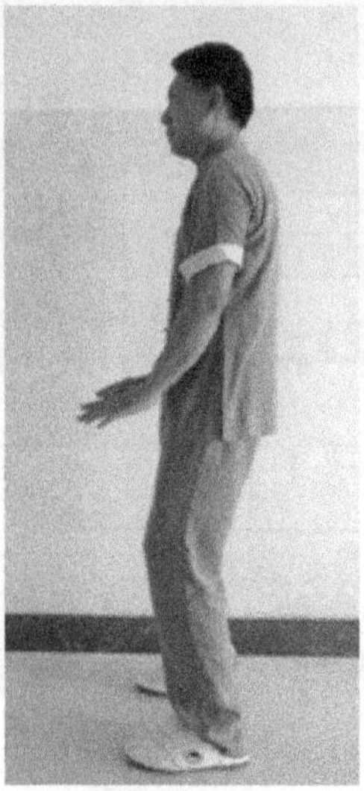

第六式　正面左单手缠丝劲

左弓步，右手叉腰，四指朝前，拇指在后，左手伸开，左手手心斜向前，左手顺缠小指领劲，向下画弧，由左向下，向右向上，向左划时大拇指领劲，运行一圈。在左手运行的过程中，松左胯，手随着身体向右旋转，接着松右胯，手继续向上翻转，手掌外碾，松左胯还原。松腰落胯，重心在左腿。左手运行一圈为一个训练周期。在这一圈之中，前半圈为顺缠丝，后半圈为逆缠丝。

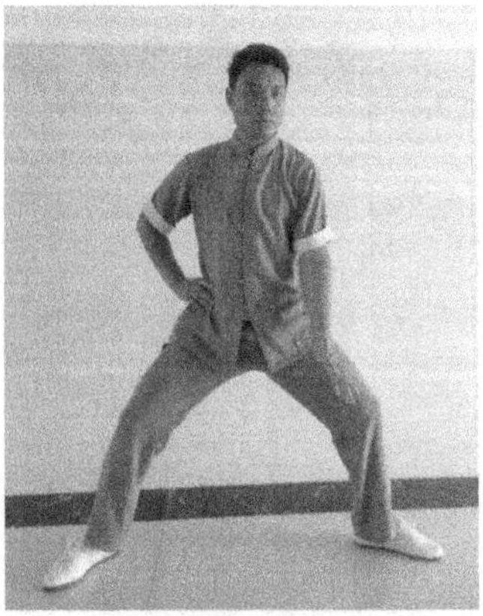

动作要求：松肩松胯，身体立体旋转，身、手配合在一起运动。正面右手缠丝和左手单手缠丝的动作要领相同，只有方向相反。

第七式 右单手缠丝劲

整体动作：右弓步，左手伸开，左手手心斜向前，左手顺缠向下画弧由左向下，向右向上，向左划一圈在左手。运行的过程中，松左胯手随着身体向右旋转，接着松右垮，手继续向上翻转，手掌外碾，松左胯还原。松腰落胯，重心在左腿。

动作要求，松肩松胯，身体立体旋转，身、手配合在一起运动。

马步开手：站好右侧马步，重心在右胯，眼睛注视右前方，左手叉腰，左肘微前下合，右手向右前方展开，肘微沉，右臂稍弯曲，掌

心斜向右前下方，手指高度约在肩和眉之间，右手和右脚上下呼应。气达指肚，呼气。

第一动：收肘缠手

眼睛注视右前方，内气微松沉，松左胯，身体左转，右肘向右肋收转，右手同时顺缠收转。掌心斜向右前方，手指高度约在肩和肘之间。手指领劲不丢，大臂不许夹紧，腋窝松空。

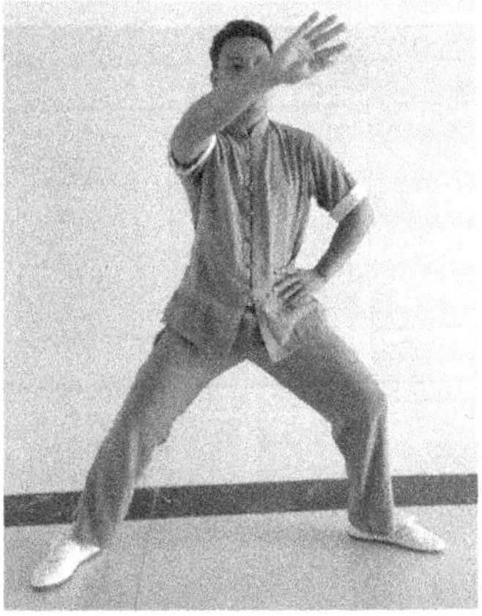

第二动：合手挤靠

眼睛继续注视右前方，身体继续左转，肘微沉，右手顺缠收转到胸前 10 厘米左右位置。手指向前，掌心不过身体中线，斜向左后上方，手指领劲不丢，身体保持中正。

第三动：右转挤按

眼睛继续注视右前方，身体右转，肘微沉右手逆缠，右手的位置大约在右肩前外 20～30 厘米处。掌心斜向前下方，手指领劲不丢。这时右肘要松沉，手掌外侧意在其右上方，身体保持中正。

第四动：右转挤采

眼睛继续注视右前方，身体继续右转，右手逆缠，右手的位置大约在右肩前外侧 30 厘米处。掌心斜向右前下方，手指领劲不丢，手指尖与右脚趾相合。右前臂和掌腕走挤采劲，身体保持中正。

左手动作与右手动作相同，唯有方向相反。

陈照奎先生说："小指领劲，大指合为顺缠丝；大指领劲，小指开为逆缠丝。"就是说在陈式太极拳中，以小指领劲，向手心方向旋转，同时大指和小指相合形成瓦垄掌，为手的顺缠；以大指领劲，向掌心方向旋转，同时大指与小指相合，形成瓦垄掌，为手的逆缠。同理，当出腿或收腿时，如以脚掌外缘领劲，向脚心方向旋转，膝部向裆外方向旋转，即为腿的顺缠；如以脚跟里侧领劲，向脚心方向旋转，膝部向裆内方向旋转，即为腿的逆缠。无论是顺缠还是逆缠，都以螺旋运动为主要形式，再结合手法、腿法，形成陈式太极拳特有的缠丝劲。

第八式　双云手的缠丝劲

整个正云手过程中保持立身中正的身法。眼睛注视右前方，上下开合协调，既放松，内劲还要不丢不顶，呈阴阳相济状态。右正云手的动势是顺时针的轨迹，整个路线是斜向的外大内小的"鸭蛋形圆圈"。

正确的定步云手练习应该神意专注，速度均匀，动势流畅，开合协调。划圈时，手臂三节和全身整体的合理运转是云手锻炼的真谛。

左云手，重心移到右腿上；左手向下、向右、向上画弧（左脚左手为虚），右手向上、向右画弧，配合吸气；这时会阴微微紧缩，小腹内收，横膈肌上提，胸廓扩展，重心回移到左腿上，右手向上、向左画弧，左手向左边旋边推掌（左脚左手为实），配合呼气。右云手与左云手动作相同，方向相反。这时小腹松沉，有腹鸣感，两手十指有麻胀感（笔者练的是逆腹式呼吸），这就是太极拳的“与动作相结合的腹式呼吸运动”。只要认真去体验、用意导气，时间长了自然能练得“气沉丹田”功夫，收到强身健体的效果。

动作要点：

1. 头要虚虚领起

面容正直，神贯于顶，《十三势行功歌》中有“尾闾中正神贯顶，满身轻利顶头悬”之说。练拳时头部不可偏侧与俯仰，这样才有精神，才能达到全身轻松的状态。

2. 守住中心

前人太极拳理论中有以“中土为枢机之轴”“以腰为轴”，就是强调以身为中心。拳论曰“主宰于腰”，不仅强调腰部运动的机能，也指出了这里是中心所在，也是重心所在，我们做云手动作时必须以腰为轴，带动四肢、躯干有规律地运转，即“源动腰脊转股肱”，躯干要中正，不散漫，不歪斜，才能立身中正，守住中心。

3. 分清虚实阴阳

前人拳论中有“练拳不谙虚实理，枉费功夫终无成”。可以试验一下，云手时两脚不分虚实，能否提脚开步？显然不能。正确的做法是分清虚实、阴阳相济。如做左云手时，重心落在右腿上为实为阳，左腿左脚为虚为阴，侧行开步才能脚内边缘轻起轻落；右手在上格挡对方来手为实为阳，左手在下、静中寓动为虚为阴；当左脚落地后，重心渐渐移到左腿上为实为阳，右脚起向左脚并步（小开步）为虚为阴；左手在上格挡对方来手为实为阳，右手在下、静中寓动为虚为阴。

4. 裆走立圆下弧

裆走下弧，裆劲松沉，一能做到开胯圆裆，二能稳住重心，三能防止身体时起时伏。裆走下弧也是重心在两腿间平稳过渡的一个条件。

5. 腰走平圆后弧

腰走后弧是在腰的垂直轴带动四肢躯干协调运转的前提下，左右运转。但要注意，不管是裆走下弧，还是走后弧，这个弧线的弧度、长度都不能大，别人不一定看得出来，只要自己体会到就行。

第九式　东升西落——双手左旋大回环

动作方法：双臂大回环，两手与肩同宽，手心向下，从身体左侧起，向左、向上、向右、向下做一个圆圈，此圆圈垂直于地面。双手一顺一逆缠丝运行，到达身体正上方以后反过来，由逆变顺，由顺变逆运行下去。封闭式的旋转，双手随着两臂的旋转，手心由下向左向上、向右向下。此动作有利于内气随外形运行，对于松肩活肩有很大的辅助作用。

从缠绕中求松，动作必须注意走顺逆缠丝的螺旋劲，从缠绕之中求放松，因为太极拳的松柔是在螺旋中形成的，所以必须从圆活旋转中求放松。时刻注意四肢的顺逆缠丝，直来直去的动作很难有松，上盘、中盘的松沉必须是建立在下盘稳固的基础上的。

先注意拳架的外形，以形带气，以气带意；经过长期的盘架子，逐步过渡到以意领气、以气运身的高级境界。注意套路架式的准确和动作的连贯，练拳时要先把拳架放大。

行拳循套路路线，顺其自然行功。因为拳的路线由不同的环组成拳架子，你站的位置便是拳架子的中心点。中心点的上下、左右是一个圆形架子，看不见，却摸得着。看资深高手拳师盘拳，便能看到拳师周围的拳架子。盘拳行功过程中，由于用意不用力，空松双手轻扶拳架子盘拳，手似在空中飘浮，循拳架弧形线行功，到极限处，手自然返回。明此理后，盘拳能体味到太极拳的“味道”，妙在其中，玄在其中，奥在其中。

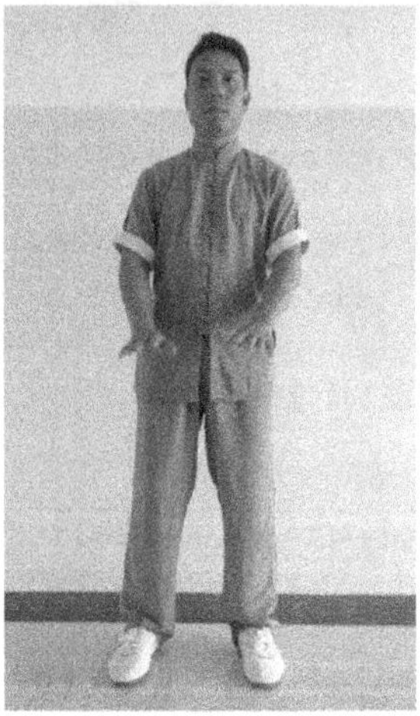

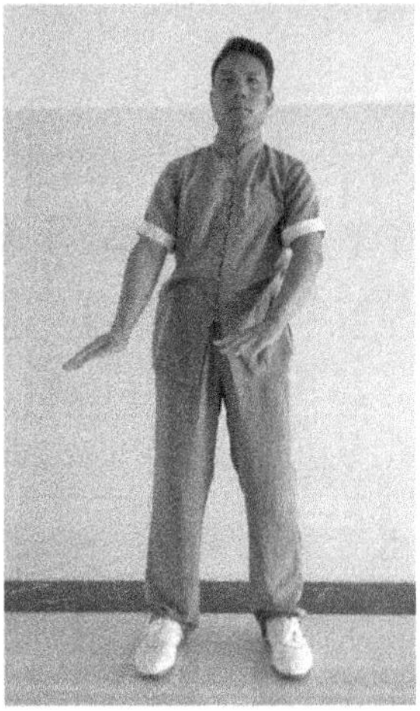

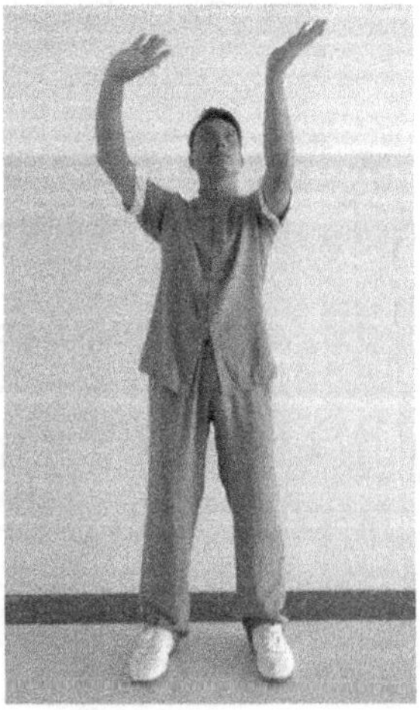

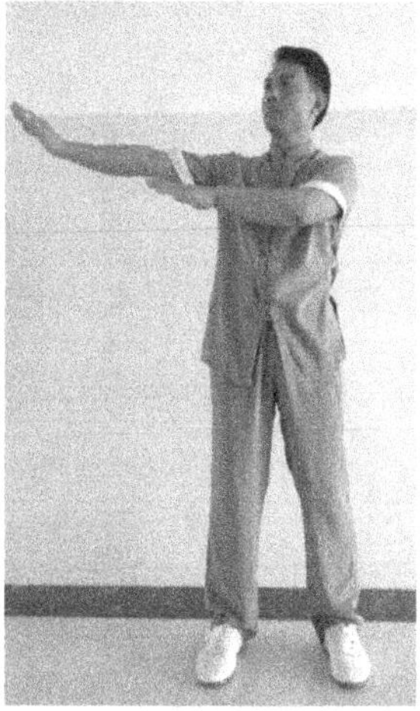
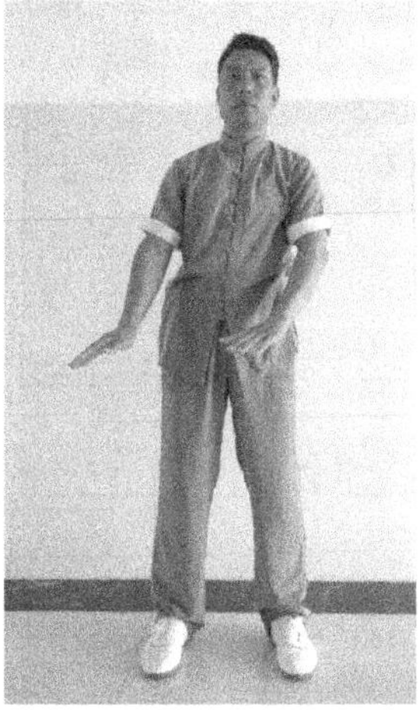

第十式　西升东落——双手右旋大回环

双臂大回环，两手与肩同宽，手心向下，从身体右侧起，向右、向上、向左、向下做一个圆圈，此圆圈垂直于地面。双手一顺一逆缠丝运行，到达身体正上方以后，反过来，由逆变顺，由顺变逆运行下去。封闭式的旋转，双手随着两臂的旋转，手心由下向右向上、向左向下的一个运行轨迹。此动作有利于内气随外形运行，对于松肩活肩有很大辅助作用，学者不可轻视。重心随着双手的移动一起移动。

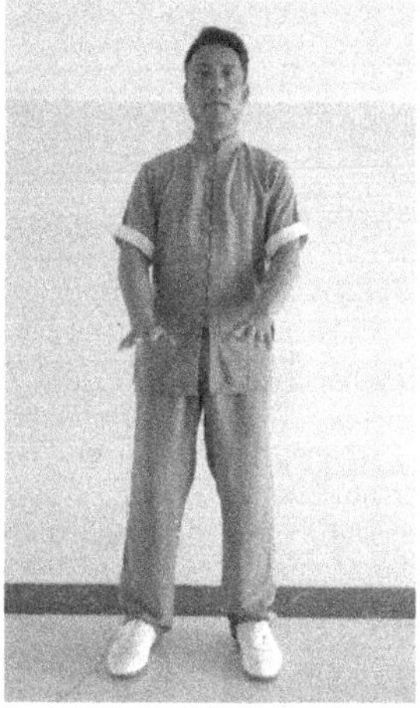
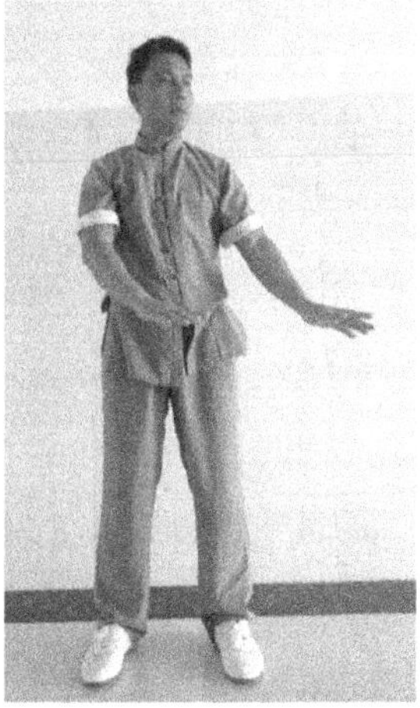

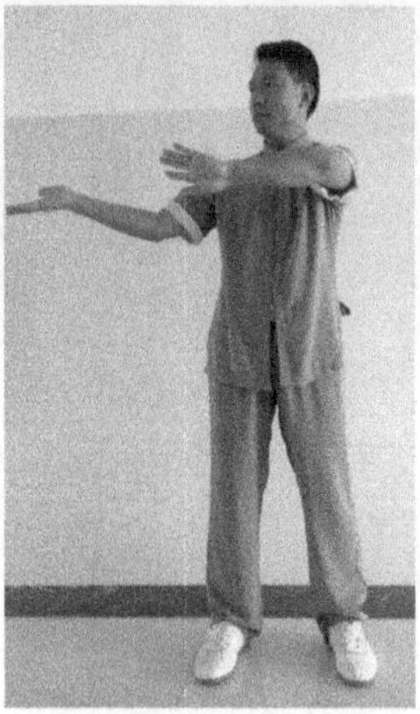
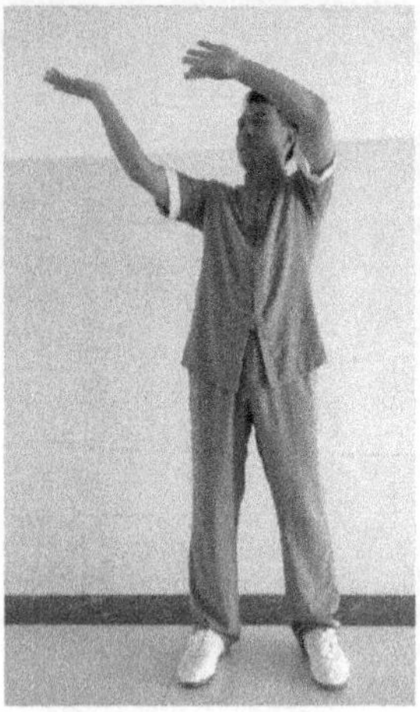

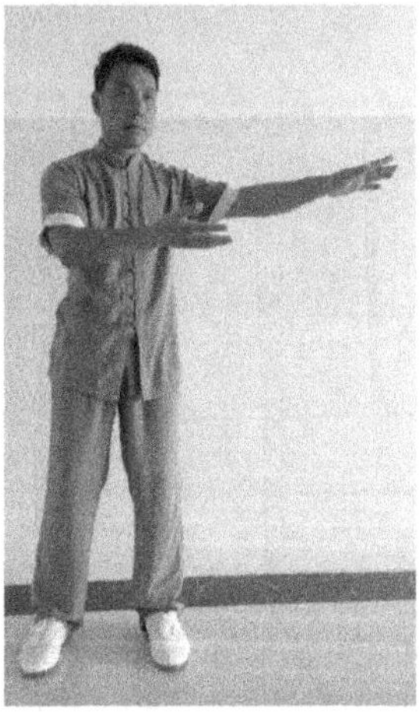

第十一式　左脚在前　顺逆双缠丝

1. 双手向前旋转，顺时针转一圈

右侧双手缠丝：身体自然直立开始，左脚向左前方45度开一步，重心在右腿。同时，两手捋至右侧掌心向右侧前方，重心移至左腿。成左弓步，同时左手外旋，右手内旋，由右后方向左前方运行，运至左腹前，掌心朝下。随之左手内旋，右手外旋，由左下向左上画弧于左肩上方，同时保持身体自然中正。

重心右移至右腿成右弓步，同时双手由左肩上方画弧掤至右肩前，随之左手外旋，右手内旋向下画弧成预备姿势，动作同时保持身体自然中正。练习 4 个八拍。

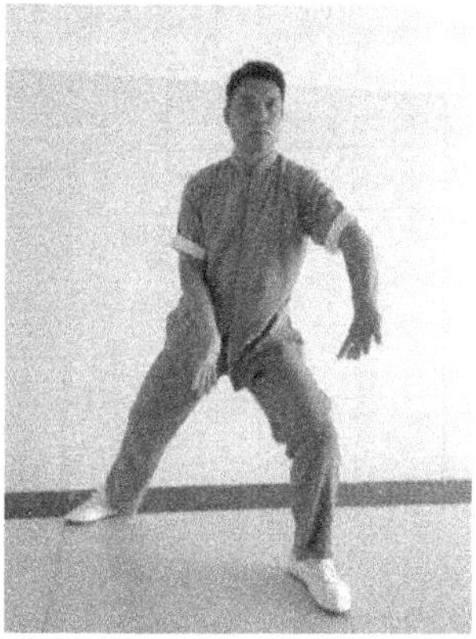

2. 左脚在前，逆时针方向旋转

动作同前一个动作方向相反，向相反的方向转一圈即可。

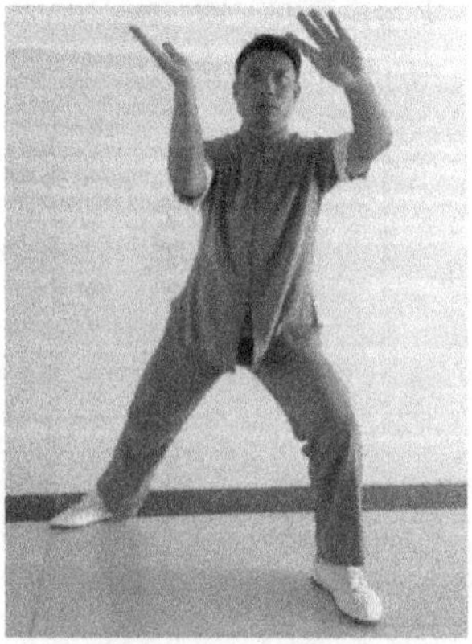

第十二式　右脚在前　左前掤后捋

1. *右脚在前，顺逆双缠丝，顺时针方向旋转一圈*

右脚在前，左侧双手缠丝：身体自然直立开始，右脚向右前方45度开一步，重心在右腿。同时，两手捋至右侧掌心向右侧前方，重心移至右腿成右弓步，同时左手外旋，右手内旋，由右前方向左后方运行至左腹前，掌心朝下。随之左手外旋，右手内旋，由左下向右上画弧于左肩上方，同时保持身体自然中正。

重心从右移至左腿成左弓步，同时，双手由左肩上方画弧掤至右肩前，随之左手外旋，右手内旋向下画弧成预备姿势。做动作的同时保持身体自然中正，做4个八拍。

2. *右脚在前，顺逆双缠丝，逆时针方向转一圈*

右脚在前，左侧双手缠丝：身体自然直立开始，右脚向右前方45度开一步，重心在右腿。同时，两手捋至右侧掌心向右侧前方，重心移至左腿成左弓步，同时左手外旋，右手内旋，由右前方向左后方运行，运至面前，掌心朝上。随之左手内旋，右手外旋，由左下向右下画弧于腹前上方，同时保持身体自然中正。

重心右移至右腿成右弓步，同时，双手由左肩上方画弧掤至右肩前，随之左手外旋，右手内旋向下画弧成预备姿势。动作同时保持身体自然中正，做4个八拍。

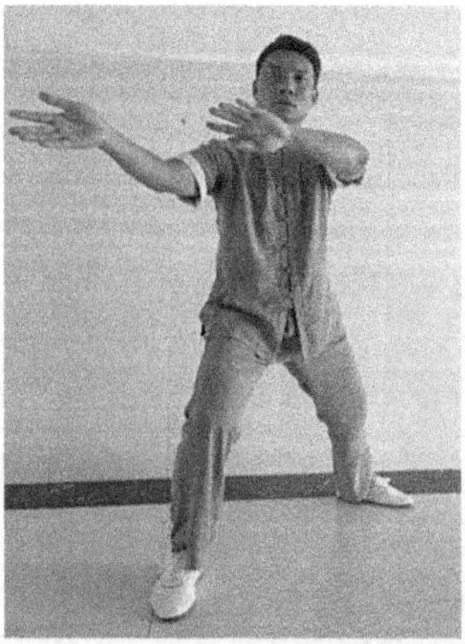

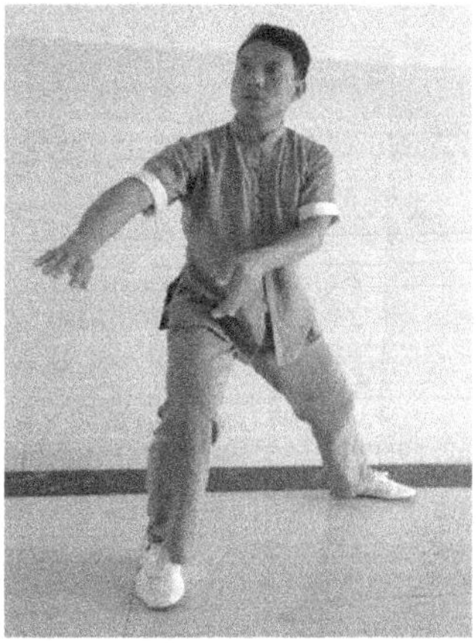

第十三式　左右双回旋　双手顺逆缠丝

动作方法：

1. 旋腰转膀，左胯走前弧，右胯走后弧，身体右转，重心继续右移，左掌向左前方画弧，右掌向右后方画弧。左掌内旋画弧划上弧度，顺缠里合至身体左前方，右掌外旋逆缠，走下弧，落于右胯外侧，右掌掌心朝后，左掌掌心斜向上。

2. 双胯回旋，胸腰折叠，身体右转，随即身体左转，重心左移，同时左手向下逆缠外旋至左胯前，右掌顺缠内旋里合至身体右前方。双手在体侧各划一圈，顺逆结合，循环往复，连续做 4 个八拍。

太极拳专项准备活动——热身功

太极拳是一项体育活动，任何一种运动都有热身环节。热身环节是我们的身体状态由静止状态转向运动状态的一个过渡环节，人体在静止的状态下和在运动的状态下，对身体各方面机能的要求是不一样的。在静止状态下，各方面的需求都比较低，消耗的体能比较少。但是当我们运动时，对身体的肌肉、关节、韧带都有一定的要求。如果我们身体各方面机能达不到这种要求，在运动的过程中就会产生运动损伤，从而影响我们的身体健康。为了提高大家练习太极拳的健身效果，根据太极拳运动相关动作的要求，特此有针对性地创编了一套专项的热身功，希望能给大家带来一定的帮助。总体上由上肢到腰部到下肢，由小到大，由小关节到大关节，然后再到全身的系统性的热身，能够为我们提供比较全面系统的热身方式。

一、上肢运动

1. 第一节　双手上举击掌。两只手从身体两侧向自己头顶的方向合在一起击掌。两脚与肩同宽，脚尖向前，脚内侧平行。然后两手从身体两侧向头顶上方击掌一次，在头顶上方击掌之后下落到体前击掌为一个动作，向上击掌一次，向下击掌一次，上下各击掌 12 次。

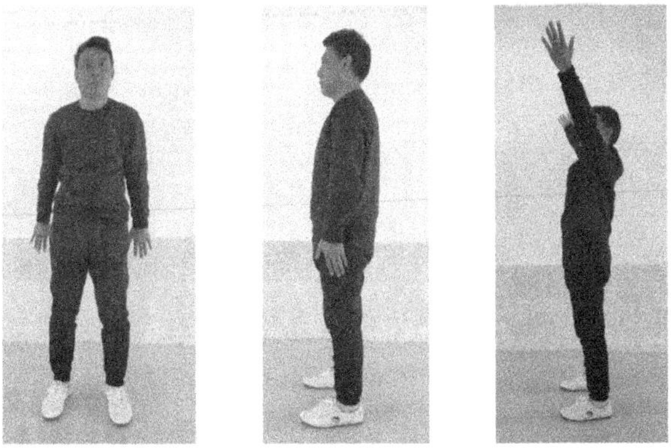

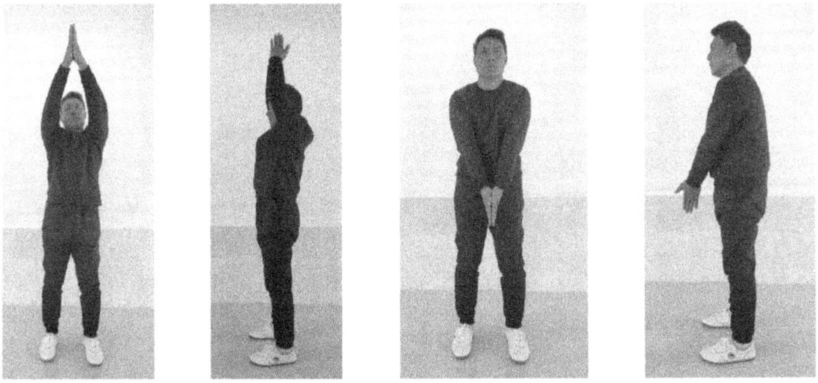

2. 第二节　　身体前后击掌。两手臂斜前方上举 45 度，在脸的前上方击掌一次，然后下落到身体的后侧，腰部的后面击掌一次，斜前方一次，斜后方一次，也是 12 次。击掌的时候，由轻到重，速度由慢到快逐渐进行。

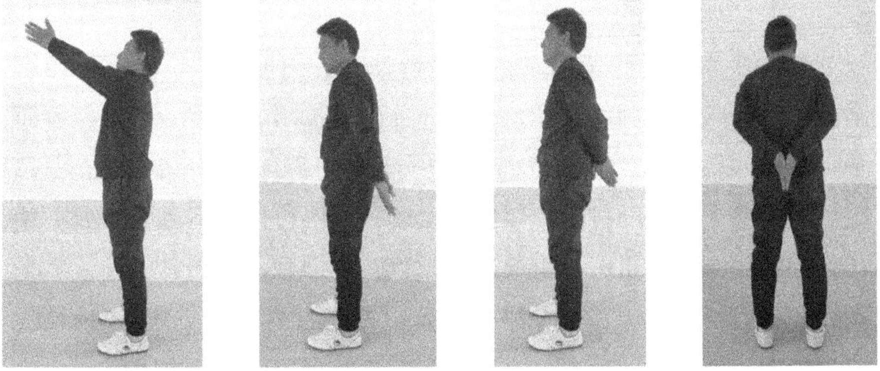

3. 第三节　　手臂向上拉伸。两手从体侧向上举，手心向前，手臂向上举过头顶，由手指尖到脚尖，上下垂直一条线。由下向上的时候，手指、手臂上举，向后方震动发力，拉伸肩关节，由轻到重一拍一次，也是 12 次。由下向上，两手臂的间隔距离与肩同宽，手指尖到肩关节上下垂直，不要分开也不要合拢，上下垂直。

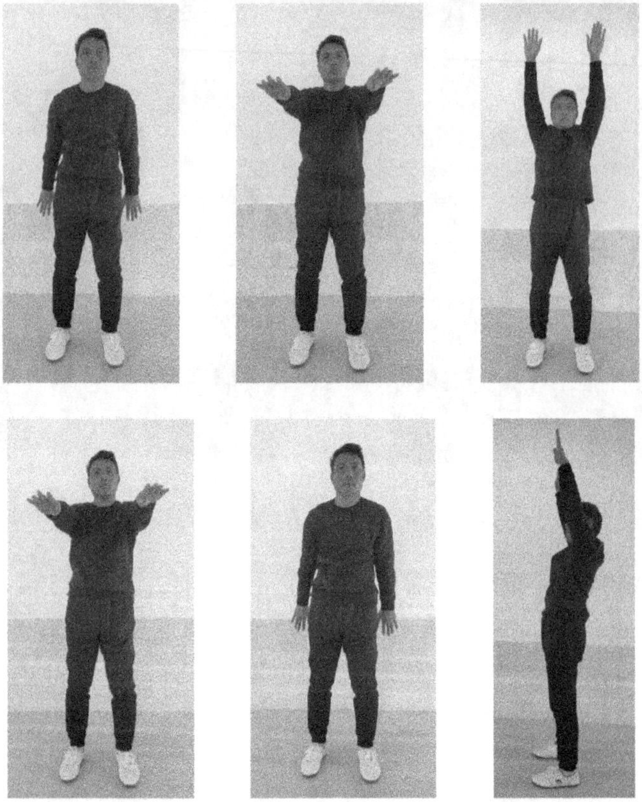

4. 第四节　　扩胸运动。两手臂伸直，向前平伸至体前，与肩同高。手心向上，两手臂伸直，由体前向体侧后方扩展，手臂与地面平行，拉伸肩关节，活动肩部和胸部肌肉韧带，一拍一次，也是 12 次。两手臂在运行的过程中保持平面运行，不可以忽高忽低，上下相错，否则容易拉伤肌肉。由前向后拉伸，两手臂一定要向后震，至少两手臂要与身体躯干在一个平面上，最好超过身体的平面。向后震，这是扩胸运动。

5. 第五节　　振臂运动。振臂运动是两手半握拳，虚握拳，肘关节微曲，手臂微曲，左右手臂都要微曲。开始的时候第一个八拍左手在上，右手在下，两臂屈臂向后，两臂同时向后震压，一拍一次，一个八拍之后，两手左右交叉交换为右手在上，左手在下，两手臂同时向后方发力。震臂把肩关节向后震，肩胛骨运动起来，这是震臂运动。由轻到重，幅度由小到大。

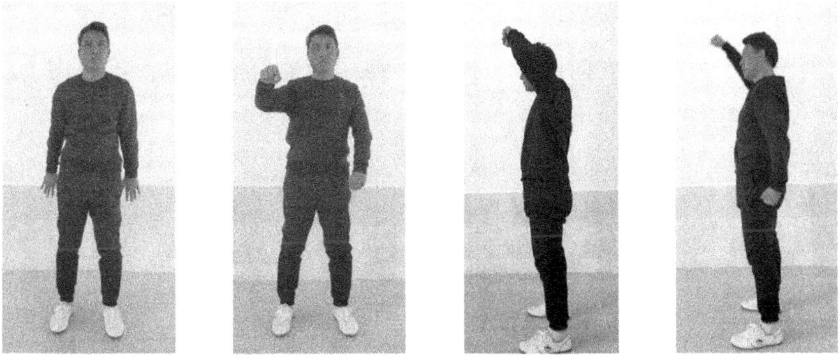

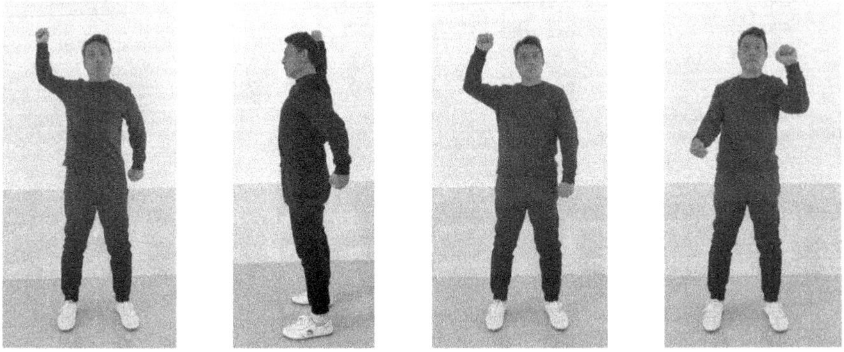

6. 第六节　　手臂前后绕环。第一个八拍是两手臂同时向后画圈，这个圈垂直于身体的两侧，就是双手以两肩关节为轴，由上到下画一圈，两手同时向前，这是第一个八拍。第二个八拍，两手同时由后向前画一圈。第一个八拍是由前向后画圈，第二个八拍反方向画圈，第三个八拍一手向前，一手向后，一顺一逆。如果左手向前，右手就向后交叉画圈，前后绕环；然后第四个八拍，另一个手换过来做相反方向的动作。如果第三拍是左手向前画圈，第四个八拍就是右手向前画圈，左手反方向画圈，两个手臂尽量地舒展伸直，不可用力过度，一定要用合适的力量。

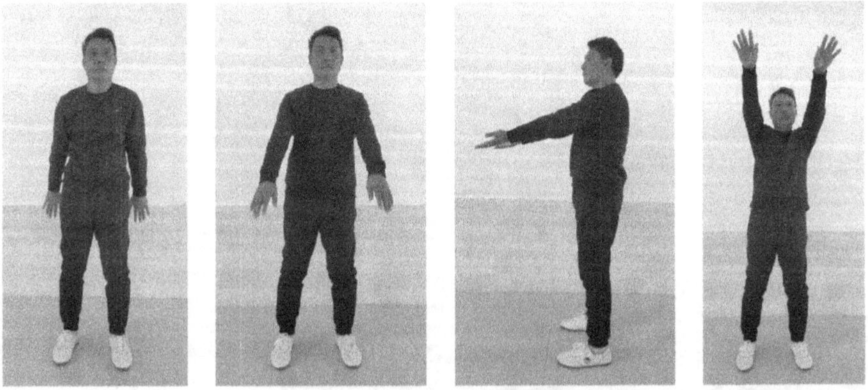

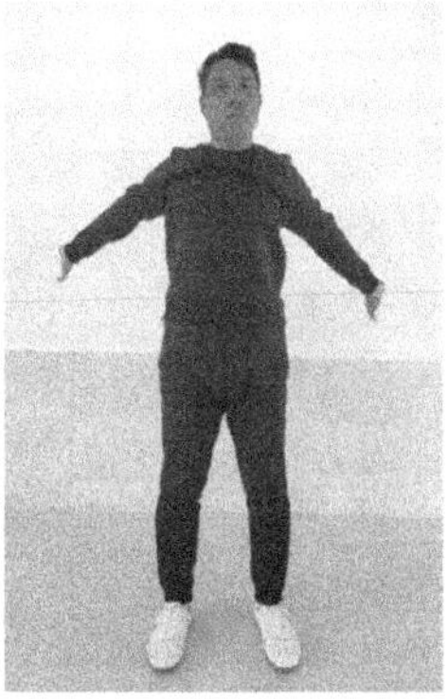

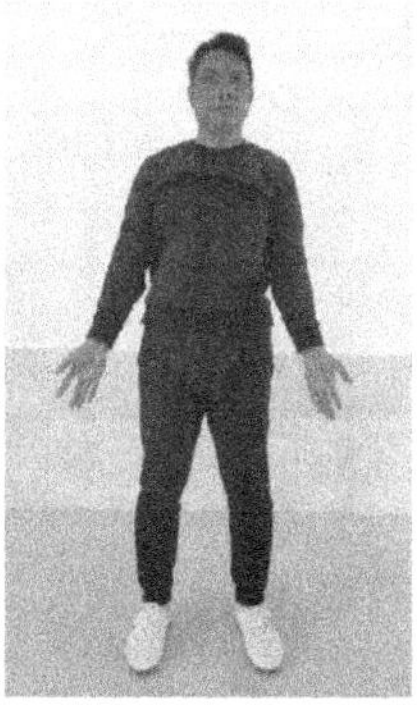

7. 第七节　　两手上托。两手放至腹部前方，十指相交叉，手心向上，然后两手臂向上托到胸前，外翻向上举，举过头顶。然后两手臂伸直，手腕外翻，手心朝上，往上托顶。托顶的时候，踝关节脚后跟用力离地，往上顶一次，脚跟离地一次，做 12 次，一次一拍，两手臂往上推一下，脚跟离地一次，然后慢慢落下来，如此反复 12 次。

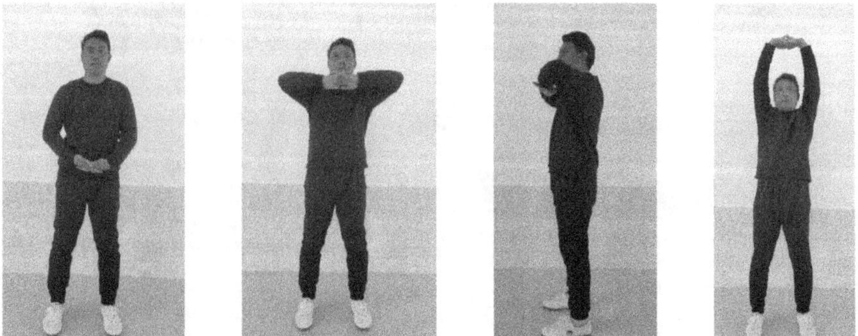

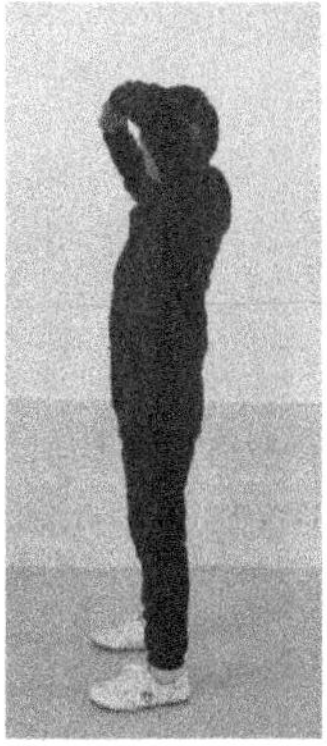

8. 第八节　　踝腕关节运动。踝腕关节运动的时候，先从左脚开始，左脚脚尖着地，以脚尖为中心，以脚尖到踝关节为半径绕圈。踝关节放松，先逆时针做一圈、两圈、三圈，一拍是一圈，然后四拍之后再反方向做，一拍一圈。以踝关节为主，以脚尖为支点，以踝关节为边线，画圈，放松踝关节。手臂是两手十指交叉，手腕放松，手腕做一个顺八字的交叉旋绕，一上一下交叉进行，和脚底下的踝关节同步运行。脚下画横圈，手上画竖圈，肩肘、手腕同时运动，一定要放松，把这个动作做放松，自然柔顺。第二个八拍，换手换脚，第一个八拍左手在上，带着右手做，第二个八拍，右手为主，带着左手做。

二、下肢运动

第一节　　正压腿、踢腿。两脚预备姿势，站立之后，左脚向正前方开一大步，然后左脚膝关节垂直于脚面，右脚的脚尖和前脚掌着地，右腿要伸直，然后身体上体保持正直，两手臂放在左腿上方交叉重叠，然后向下震压 12 次。一拍一下，由上到下为一拍，一拍做一个动作，一共 12 次。第二拍的时候两腿交叉换方向，第一次左脚在前，第二次右脚在前，动作要求相同。练的时候，步子的幅度由小到大，刚开始步子的幅度不要太大，压着自己的韧带适应了以后，把步子的幅度适当加大，以前边的支撑和后面伸展的腿有拉伸感为宜，不可过多，有一定拉伸感，感觉到这个肌肉韧带有点受力就行了，逐渐地加力，一点一点把它拉伸开来，这是正压腿。

再做两个八拍的正踢腿，正踢腿先踢左腿，右脚着地，脚掌踏平，左腿向上踢，能踢多高就踢多高，尽量向上踢，要匀速用劲，不可使猛劲，使猛劲容易摔倒。在站稳的基础上向上踢，并且要尽量向上，以脚为力点，向上摆动。脚面绷直向上踢是第一个八拍，第二个八拍脚尖反向勾起向上踢，它是在两个不同位置往两个不同的方向拉韧带，脚尖处于两个方向都要练，第四个八拍正踢腿。第二个八拍要换脚，刚开始第一个八拍踢左脚，第二个八拍踢右脚，踢腿的时候两手叉腰。双手的大拇指在后，四指在前，身体保持挺直，不要歪三扭四，不要前俯后仰。根据自己的身体情况，能踢多高就踢多高，但不要盲目地追求高度。以踢脚出来以后，腿部韧带有拉伸的感觉为好。

第二节　　侧压腿。我们先压左脚的时候，右脚不动，左脚伸出去，脚尖朝前。左手扶在左脚的脚面上，身体向左侧倾斜。侧压腿是拉伸腿内侧的韧带，这时候两脚全部要平踏在地上，左腿要伸直，身体向左侧压，拉伸腰部的肌肉和左腿内侧的肌肉，侧腿左边做一个八拍，右边做一个八拍，动作要求一致，只是方向相反，由浅入深。

第三节　　脚内侧提膝拍手。双脚站立，两脚与肩同宽站好，右脚向左膝关节这个方向抬起来，向里边提起右脚，脚内侧向身体的正前方踢起来。然后左手拍打右脚的内侧，同步开始踢右脚，拍左手一拍，一拍到位。这个动作起右脚的时候，右膝关节要外翻，右膝外翻和右脚上提是同步的。如果右膝不外翻，右脚是提不起来的，所以踢右脚的时候，右膝要向外翻，也就是需要翻胯，一拍一下。然后左右脚的时候，动作要求是一样的，只是方向相反。做这个动作的时候，身体的上半身需要保持直立状态，尽量不要往前弯腰。

第四节　　脚外侧摆拍手。提右脚向右后方外摆上踢，然后右手拍右脚的脚外侧，一拍一动。这个动作与前踢的动作正好相反，前踢是脚内侧往上，这个是脚外侧外翻，往上踢一拍一下，右手拍右脚外侧，一拍一次，一共 12 次。左拍左脚脚面也是 12 次。要把这两个动作交叉完成，每个动作交叉进行的要求一样。

第五节　提膝摆胯。两脚分开站立，双手叉腰，向正前方把左膝关节提起来，脚尖自然下垂。提起来以后，以髋关节为轴，以膝关节为这个圆的边线，左膝关节为点向外画圈，由正前方向左侧方画圈，到身体的左侧然后落下来。就是把膝关节画一个小范围的圆圈，是一个正前方向侧前方 90 度之内的圆圈，90 度之内的圆圈也称为半圆。这个时候，左胯要放松，右腿要站稳，不要来回摇晃。两拍画一个圈，就是说 1、2 提起放下，3、4 再提起放下，5、6 提起放下，这个动作做两个八拍。提左膝关节摆胯动作与提右膝关节摆胯动作一致。

第六节　　提膝里合。膝关节从正前方提起来，向两侧放下，这叫外摆。身体的正面朝前，然后膝关节直接外翻，从左侧提起，然后向里边合，合到身体正前方放下来，这就叫作提膝里合，膝关节提到自己的腰部高度，大腿与地面平行就可以了。左右腿动作相同，只是方向相反。

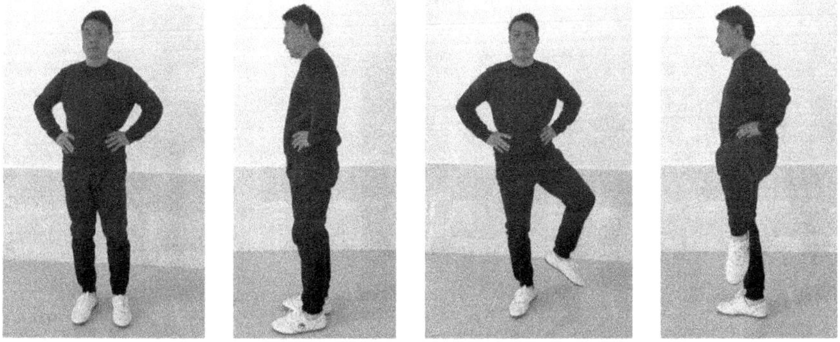

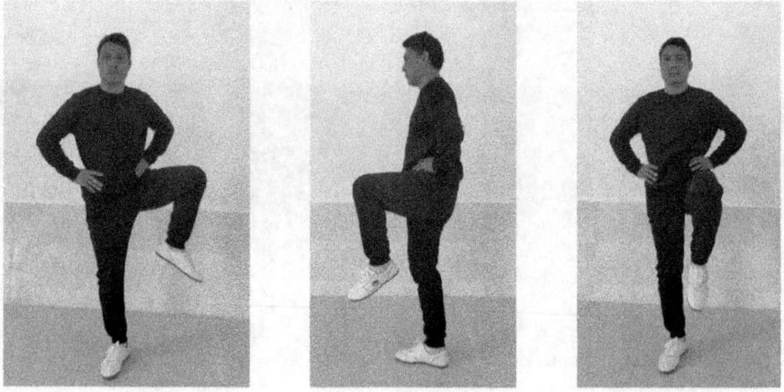

第七节　屈膝下蹲。刚开始练的时候，可以两脚与肩同宽，因为关节韧带不是那么柔顺。第一个八拍，前脚掌着地，脚后跟离地，然后两手放到大腿上，然后屈膝向下压，身体向下折叠到一起，相当于一个团身的动作。这是第一个八拍。第二个八拍的时候，脚后跟要落到地上，然后再往下蹲，往下蹲的时候手臂要适当地用点力撑住自己的身体，慢慢地下落，下蹲的速度不要过快，否则容易把膝关节给拉伤，两拍下落下来就行了，两拍一个动作。做熟练之后，可以把两脚并拢向下蹲，动作同前面的要求一样，也是第一个八拍脚后跟离地，前脚掌着地，到第二个八拍的时候，要前脚掌全部着地，然后向下蹲。下蹲和站起来的时候，一定要缓缓地，注意速度，保持匀速，不可忽快忽慢。

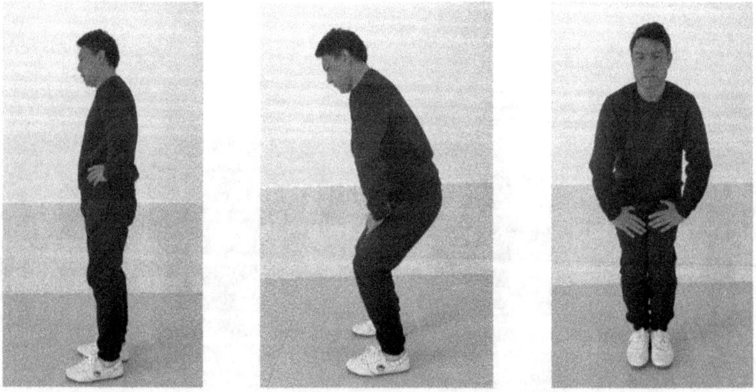

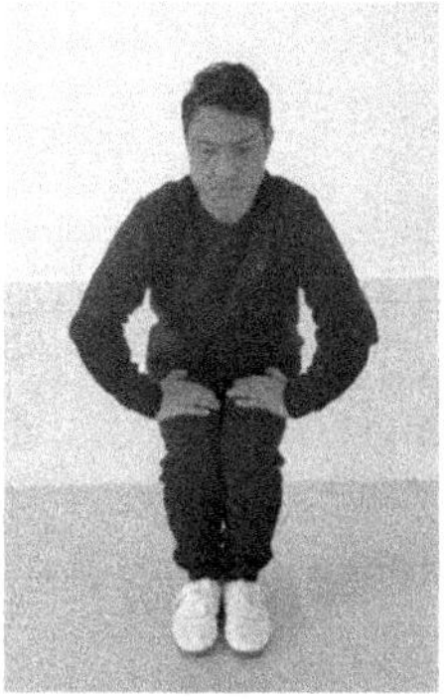

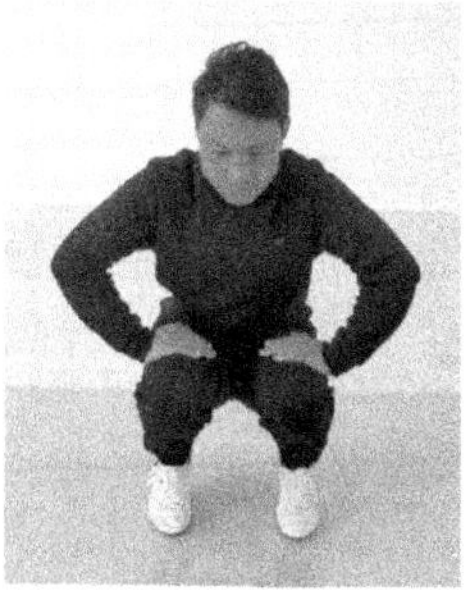

第八节　单脚的拉伸。右脚站到地上，左脚脚尖、脚面和小腿要绷直，脚尖绷直向后方踢出去。左手掰着左脚的脚面，向后方拉伸，尽量向上拉。这个时候拉的是大腿前侧的韧带，一定要站稳。如果站不稳，可以一手扶着墙或者扶着椅子，使自己身体平衡，另一只手掰着自己的脚面向后拉伸。这个时候用力要均匀，循序渐进，千万不可用猛力，容易把韧带拉伤，一定要保持身体的平衡。如果因为这些练习摔倒，就得不偿失了。一定要注意运动中的安全。左右脚要求一致，方向相反。练完左脚，练右脚，每个动作十二拍 12 次，根据自身情况自己掌握。

三、中部运动

前面两个一个是上肢的运动，一个是下肢的运动。下面做一个中部躯干部位的热身练习。

第一节　　体转运动。两手抬起来，两手臂屈肘，然后两手的指尖相对、手心向下。两手臂抬起来，与肩同高，身体向左旋转，两脚与肩同宽，固定好，两腿也固定好。旋腰转膀就是以上肢旋转为主，腰部拉伸就是腰部和肩部同时旋转，肩部旋转的幅度大，腰部旋转的幅度小，能旋转多少幅度就旋转多少。由小到大，向左一拍一下，一共是 12 次，向左旋转 12 次，这个幅度和力量一定要注意，慢慢地逐渐加大幅度，加大这个力量。左侧做完之后向右侧转体，能转多少转多少，一般情况下转 45~90 度都可以，这是活动腰部、肩部和整个背部肌肉的一个热身运动。左侧做 12 次，右侧做 12 次，左右要求一样，都需要两脚踏稳踏平，身体的下半部分是两腿向下尽量固定好，如果脚步不固定好，腿跟着动，练习的效果就要打折扣，受到影响。

第二节　　腹部运动。开始时，两手由体侧向上举，手心朝前，举过头顶，手脚上下一条线，然后身体向下弯曲折叠，以自己的双手触着自己的双脚为标准，大小腿要伸直，不能弯曲。这个时候拉伸的是腰部的肌肉，髋关节放松，身体向下折叠也是 12 次。第一个八拍，身体直立，两手向两侧伸直；第二拍向下弯腰右手伸直向下，触摸异侧脚尖，左手向上伸展。接下来换左手向下，右手向上。年龄大的拳友做这个动作时一定要慢，千万不要快，手举起来，缓缓地向下折叠；抬起来的时候也要慢慢地抬。还要注意，做这些动作有一定的风险，所以这个动作是选择性的，可以做也可以不做。身体条件允许就做；身体条件不允许，有不良反应的马上停止。

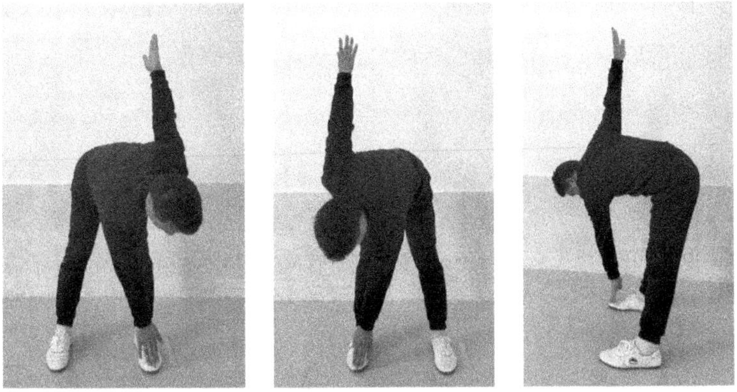

第三节　　左右摆胯。两脚略宽于肩，脚尖朝前，两胯由中间移到左腿，然后由左腿移到右腿，两脚固定不动，腿要伸直，上身也要伸直。两手叉腰，以胯关节为主左右摆动，向左摆到极限，向右摆到极限，左右一拍一下，动作慢点，一拍做不到位，就两拍把它做到位。左右摆胯一共也是12次，身体放正，不要前俯后仰。

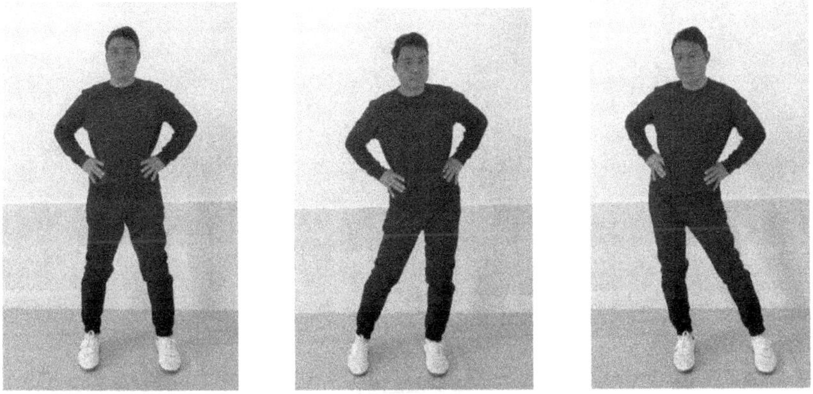

第四节　　胯关节划圈。整个身体以髋关节为主划圆圈，以两脚为原点，胯绕着身体这个竖立轴转圈，由左向后、向右向前划一大圈，这个圈能划多大就划多大。第一个八拍从左开始划圈，这是一个方向。第二个八拍从右边开始划圈。以上图片是身体从左侧开始向后划圈，从左开始向前再反方向划一圈，这是两圈。然后下一个动作以右胯为起点，向后划一圈，向前划一圈，胯关节绕四圈，左边起两圈，右边起两圈。做这个动作的时候，两手叉腰，身体的其他地方一定要保持静止不动，只动髋关节，髋关节也要放松。

通过以上专项热身功的练习，身体已经充分预热，各个关节韧带所需要的身体润滑和肌肉弹性都已经被激发出来。热身功练习有利

于身体协调性、灵活性的提高，能够让我们更好地进入练拳的状态中，从而提高健身的效果。如果大家在练拳之前没有做这些专项热身，练拳的效果会打折扣，另外还会产生一些不必要的运动伤害，因为身体从静止到运动状态，有一个逐渐适应的过程。这个过程在现代运动学里面称为热身运动。不管做什么运动训练，都应该做热身运动，可以保护身体免受运动伤害。

太极拳的热身运动一般长30~40分钟，一定要重视起来！

附　　言

冉广耀：陈式太极拳十一代传人。冉广耀出生于温县冉沟村，该村距离太极拳发源地陈家沟仅一里之隔。小时候，他经常跑到陈家沟的外祖父陈照丕家玩耍，没事就跟着外祖父比划几招。后来由于父亲早逝，在开封教拳的外祖父不放心冉广耀母亲及其弟兄二人，便把他们三人接到了身边照料。自此之后，冉广耀就开始跟着外公系统地学习太极拳。

幼年学拳，外公是榜样

“外公对我从小要求很严格，他不仅功夫深，武德更是高尚。外公是我一生的榜样！”回忆起跟外公学拳的经历，冉广耀说出了这番话。

陈照丕大师对冉广耀要求极为严格，每次回到家，只要一有时间，他就会认真给冉广耀校正拳架。有时候一个动作，他就会要求冉广耀练上十天半个月。在外公的严格要求和悉心指导下，冉广耀学会了太极拳各种套路及器械，深得陈照丕大师真传。

为了不辜负外公的教导和培养，以及外公对他的深切期待，冉广耀年少时便暗暗立下志向，要像外祖父一样，学一辈子的拳，教一辈子的拳。他既是太极拳大师陈照丕的外孙，又是大师的亲传弟子，他一生以陈照丕大师为榜样，恪守大师教诲。

在一次厂里举行的文体活动中，冉广耀进行了太极拳表演，受到了厂领导的重视与鼓励。之后，冉广耀又开始利用业余时间教练太极拳。

人民公园、雕塑公园、东方红广场，都留下过冉广耀教拳的足迹。厂里的工会、市总工会也经常邀请冉广耀教拳。“如今，我教的那些学员很多都在焦作市各个练拳点担任教练了。”冉广耀骄傲地说。冉广耀不仅自己身体力行教拳授艺，而且还要求他的三个儿子为推广太极拳做贡献。

冉广耀从事教拳40余年，他教过的学员中有许多获得过各类太极拳比赛的冠军。其中一名学员曾在河南省太极推手比赛中获得7次冠军，并在全国比赛中获得2次冠军。冉广耀如今已经年过八旬，由于年轻时曾患有严重的关节炎，所以腿脚不是很利索，可是谈笑风生间，他仍是充满着乐观与力量。唯有谈及他的外公，也是他的恩师陈照丕大师时，老人家激动得红了眼眶，目光里充满了对陈照丕大师的怀念和感激。